働きながら

# 60歳で慶應義塾大学を卒業した私の生涯学習法

生涯学習アドバイザー
**大森静代**
*Shizuyo OMORI*

合同フォレスト

# はじめに
# 「無限の可能性」

人間だけが、「学ぶ」ことで自分を高めることができます。

「学ぶ」場所は、学校だけではありません。人からも学ぶことができます。自分自身はもちろん、「人はみんな教師」であり、ときには「反面教師」からも学ぶことができます。

何か行動を起こして成功したときはもちろん、失敗したとき、「同じ失敗をしないためにどうしたらいいか」ということを、人からも自分自身からも学ぶことができるのです。

つまり、自分がそこから何かを得ようと努力するかどうかという意識が大切なのです。

私たちは、一生をとおして勉強すること、つまり「生涯学習」を意識し実践することで、これからの人生を豊かで、活き活きとしたものにすることができるでしょう。

では、どう意識し実践したらそうなれるのか、何をしたらよいのか。

それは、「一歩を踏み出す勇気」と「チャレンジ精神」、それと「好奇心」が大切です。

私たち、中高年ができる「勉強」にはさまざまなものがあります。

本書では、社会活動での勉強（第1章）、職業訓練校での勉強（第2章）、大学での勉強（第3章、第4章）、夢の実現（第5章）、ほかの勉強紹介（第6章）という構成で書いています。

私は、48歳で慶應義塾大学通信教育課程に入学し、平均卒業年数は8年、卒業率は3パーセントといわれている難関をクリアし、60歳で卒業しました。

当時の私は、勉強・仕事・子育て（母子家庭）・家事を並行し、卒業までに12年かかりましたが、「どうしても大学を卒業したい！」という一念で夢を叶えたのでした。

ここでそれを自慢しようというわけではありません。80歳で勉強をはじめる人もいれば、卒業目指して12年以上勉強を続けている人もいます。「その人たちは特別なのよ」と言いたいでしょうが、それは違います。

- 何かをはじめるのに「もう遅い」ということはない
- 「諦めない」ということの大切さ
- 「思い強ければ願いは叶う」

ということです。つまり、「一歩を踏み出す勇気」と「チャレンジ精神」、それと「好奇心」があるかないかの違いだけです。

「だって」
「どうせ」
「でも」
「いまさら」

何かをするときに必ず出てくるのはこれらの言葉。その後に続くのは「だって、やったことないから」「どうせ歳だから」「でも〜、できないと思う」「いまさらやっても仕方ない」など、否定の言葉。ネガティブな言葉です。

はじめて何かをするときには、誰でも一歩を踏み出すのに躊躇しますね。「一歩を踏み出す勇気」こそ、活き活きとした人生が送れるかどうかの分かれ目なのです。

「やっておけばよかったより　やっておいてよかったの人生を」（鍵山秀三郎）

60歳で大学を卒業しても就職に有利なわけではありませんが、私の場合、長年の勉強により、継続力と先を見通す力が備わっていました。そして何よりも「私には無理」から「私もできる」に、そして「私だからこそできた」という自信へと変わっていきました。

卒業と同時に仕事を辞め、家で趣味に暮らそうと思いました。ところが、それでは自分の活力が落ちていくし、頭の回転も鈍っていくのです。やはり、社会との交流、人との交流で人間は活性化するのです。それからの私は、自分の思いを書き冊子に投稿、ボランティアの清掃活動などをとおして人とのご縁をつないでいます。

携帯電話、後にiPhone（アイフォーン）でコミュニケーション。フェイスブックもはじめて、文章や写真を投稿。通常では知り合えない方たちとのご縁も。世界が広がりました。最近は、若い人たちと一緒にセミナーも受けて若返り。「青春まっただ中」。

あなたもきっとそうなれますよ。やってみましょう。一歩を踏み出す勇気から！

２０１５年11月

大森　静代

# もくじ



## 第1章 60歳すぎても青春まっただ中

## 第2章 お金をもらいながら勉強をする方法



## 第3章 慶應義塾大学に入学したことが活き活きのはじまり

## 第4章 卒業率3パーセントをクリアできる卒業論文のコツ

# 第1章

# 60歳すぎても青春まっただ中

# 1 感動・行動・元気道、ボケてる暇なし

一歩を踏み出す勇気をもつことで、世界が広がります。「私にはできない」から「私にもできるかも」、そして「私にはできる」に変わっていきます。

経験がないことをするときには、「できるかしら」「失敗するのではないかしら」「大変そう」といった不安がつきまといます。確かに失敗する可能性はありますし、大変かもしれません。でも、やらないうちから失敗を恐れていたら、何もできません。そこで「はい、終了！」です。進歩はありません。人生、それではつまらないし寂しいではないですか。ドキドキしながら勇気を出して、一歩を踏み出してみましょう。大丈夫。だんだんできるようになります。自信もついて元気になりますよ。

勇気・やる気・元気、みんな「気」という漢字がつきます。

「気」のもとの字（正字）は「氣」。気は雲の流れる形で命の源。米はその気を養うもとであるというので気に米を加えて氣になったという説があります。つまり「気」はすべて

の活動力の源泉といえます。

気の通常の姿、もとの状態が元気。気が通常と違う姿、病んだ状態が病気。人間は、もともとは元気なのです。「病は気から」といいますが、勇気を出してやる気になるのも自分の気のもちようなのです。


誰もが元気で活き活きと老後をすごしたいと思っています。そのためには、日常生活の中での心がけが大切になります。

80歳をすぎて、頭も気力もしっかりしている人がいます。同じ年齢でも、若々しい人と老けている人がいるのはなぜでしょう。

「あの人、学者で頭がよかったのにボケちゃったのよ」という声を聞くことがあります。頭脳を使っているからボケないというわけではありません。閉じこもって同じような書物ばかりを読んでいては、決まった機能しか使いません。また、テレビばかり見ているひとり暮らしの人。ワンパターンで会話がなく刺激のない生活をしていると、頭脳も体も心も衰えていきます。だから覇気がなくなり年齢より老けて、ときにはボケるのです。

中高年でも若々しい人は行動的な人が多く、考え方に柔軟性があります。外に出て人と接して、いろいろなものを見て、感動しています。常に刺激を受けているから、頭脳も心も活き活きと元気で若々しいのです。

行動と感動は元気のもとです。

人間、「教育」を受けて「教養」を身に付けることは必要ですが、いつまでも元気でボケないためには「キョウイク」と「キョウヨウ」も必要です。こちらは教育と教養ではなく、「今日、行くところがある」と「今日、用がある」ということです。

現役でいるうちは会社という行くところがあり、仕事という用があります。退職すると行くところも用もなくなってしまい、ボケてしまう人がいます。仕事一途だった人ほど気をつけないといけません。現役のうちから意識して、趣味など、退職後の準備が必要です。

行くところがあると、外の刺激を受けて活き活きできます。また、歩くことは健康につながります。家でじっとしていると一日の歩行数が１００歩も行かないこともありますが、外に出てバスを使わずに歩く、エレベーターでなく階段を使う。それだけでかなり歩くことになります。特に階段では、足の上げ下げがあるので筋力がつき、転倒防止にもなります。

料理をすることは、体のいくつもの機能を使うので脳の活性化に大変有効です。料理法を考えて、目を使い、手を使いながら、同時にいくつものことをします。できているものを買ってくるとそれらのことをしないので、脳や体がお休みしてしまいます。お嫁さんが料理をするようになり、お姑さんがボケてしまうことはよくあります。

お茶を入れる動作を分析すると、やかんを取り出し、ふたを取って、水道をひねり、水を入れて……と、とても多くの動作をしていることがわかります。脳がそれだけ動いているのです。それらを無意識のうちにしているので気付かないだけなのです。

最近は、ペットボトルのお茶を飲む人が多くなっています。大量のペットボトルを買っている人を見ると「もったいない」と思います。なぜもったいないかというと、多くの動作をしないので、脳がその分休んでしまうからです。

料理にしてもお茶にしても、楽をすることは脳の劣化へつながります。

ここまで書いてきたように、行動すること、外に出て刺激を受けること、料理（に限らず何か）をすることは、脳を活性化させ、心を活き活きとさせます。

「今日、行くところがある」と「今日、用がある」がそろっていると、忙しくてボケてる暇などありません。では、どんなキョウイクとキョウヨウがあるのでしょうか。

## コラム1 ～しながら脳力・筋力トレーニング

あなたはレジでの清算待ち、ウォーキング中、お料理をつくっているときの待ち時間に何をしていますか？　何も考えずにボーッと待っていますか？　それではもったいない。そのちょっとの時間で、脳力・筋力トレーニングができるのです。

機械は手入れをせず、使わなければさびてしまいます。脳力・筋力も同じです。使わなければ、脳は萎縮して機能しなくなります。足腰も使わなければ、筋力が落ちてつまずきやすくなります。機械に油をさせばスムースに動くように、脳を使ってスムースに頭が回るようにしましょう。足腰を使って転倒しないようにしましょう。

**◆レジの清算を待ちながら**

レジ打ちの人より速く、お釣りを暗算。

◆ウォーキングとマイケル・ジャクソン

ウォーキングで健康UP。でも、黙って歩いてはつまらない、続かない。マイケル・ジャクソンをお供に、リズムに乗って楽しくウォーキング。

◆料理とレディー・ガガ

レディー・ガガでノリノリ料理。足腰振って料理しながら筋力トレーニング。

◆料理しながら読書

台所から離れられないけど待ち時間があるときは、料理しながら読書。新聞では視界がふさがれてしまうけど、本なら小さいので料理が目に入る。

## 2 清掃活動で足腰鍛えて、脳も活き活き

退職して家にいる時間が多くなると、「動かない」「話し相手がいない」「考えない」の「三ない」がはじまり老化への道をまっしぐら。そうならないためのキョウイクとキョウヨウを紹介します。

ボランティアの清掃活動に参加するのがお勧めです。足腰を使うだけでなく、脳も使うのでボケ防止にもなります。「たかが掃除」ではなく「されど掃除」です。

清掃活動というと、「まずはうちの掃除をしてから」という言葉が返ってきます。逆です。「まずは街頭清掃から」です。

掃除すればきれいになるだけではありません。ほかにもメリットがたくさんあります。「一石二鳥」どころか「一石数鳥」、それが清掃活動なのです。

掃除には、「気付き・創意・工夫」が必要です。気付いて、考えて、人と話をすることにより、脳は活き活きとします。参加しているうちに、ポイントや効率のよい方法など、多くのことを学べます。

「掃除を学ぶ」ではなく「掃除に学ぶ」です。『を』ではなく『に』。

「なぜ、『を』ではなく『に』なのかは掃除が終わったときにわかりますよ」、6年前、私がはじめて清掃活動に参加したときのリーダーの言葉です。掃除が終わったとき、本当にその意味がわかりました。感動しました。参加しないとわからないことでした。

遠くから、交通費も宿泊費も自費で、ボランティアとして参加する人がいることが不思議でしたが、後に、そこまでして参加して学ぼうとする人たちは活き活きしていることに気付きました。清掃活動に参加する意義もわかりました。

次に挙げたのは、メリットの一部です。

- 町がきれいになると心がきれいになる
- 健康につながる
- 謙虚な人になれる
- 人との交流が生まれる
- 知恵を使って工夫する人になれる
- 気付く人になれる

## ■町がきれいになると心がきれいになる

「一つ拾えば、一つだけきれいになる」とはイエローハット創業者、鍵山秀三郎さんの有名な言葉です。「たった一つのゴミを拾うだけでは何もならない」と思うのは大きな間違い。たった一つ拾っただけでも、その効果は大きいのです。

駅前の放置自転車のかごの中が、ゴミでいっぱい。でも、全部の自転車のかごにゴミが捨てられているのではなく、ゴミが詰まっているのといないのとがあります。つまり、ゴミが一つでもあると次々と捨てるのです。常にきれいにしておけば、ゴミを捨てにくくなり、やがてはその地域は美しくなります。

「一つ拾えば、一つだけきれいになる」は奥深い言葉です。

## ■健康につながる

清掃活動は1時間から1時間半。歩きながらゴミを拾います。自然とウォーキングができます。ウォーキングは「有酸素運動」ですから、脳の活性化にもつながります。「骨粗鬆症」の予防にもなりますし、「うつ病」「認知症」予防にも効果的とされています。

## ■謙虚な人になれる

掃除はみんなが公平な立場でできます。地位や名誉、男性・女性、年齢、まったく関係ありません。

みんな「きれいにする」という共通の目的があるだけ。ですから謙虚な気持ちになります。

## ■人との交流が生まれる

謙虚な気持ちで人と接すると、交流が広がり、よいお付き合いが生まれます。私自身、30歳以上もはなれた若い人たちと一緒に掃除をします。

若い人と交流すると、活き活きとできて若返ります。

## ■知恵を使って工夫する人になれる

掃除はただ漫然とするのでなく、知恵と、工夫の積み重ねが必要です。

雨の日でも街頭清掃活動をします。なぜかというと「雨だから、風が強いから」といって清掃活動をやめてしまうと長続きしません。ですから、主催する人は、よほどの悪天候でなければ中止にしません。

大きな清掃活動の会では、開始前に掃除道具をずらっと並べます。箒《ほうき》が何種類も並んでいます。天候により使う道具が違います。

雨の日は、ゴミも落葉も濡れて貼りついて、通常の箒では取りにくいです。そういうときは穂先が硬くて腰の強い箒を使います。風の強い日、どうしたら集めたゴミを飛ばされないか。雑巾はどう絞ると効率がよいか。

いろいろと考えて工夫をするので、脳は活性化します。

## ■気付く人になれる

掃除道具はグループで用意してくれるところが多いので、はじめて参加する人の中には、何ももたずに来る人もいます。しかし、参加してみてわかるのですが、「軍手があったほうがいい」「荷物を手でもっていると掃除がしにくいので、次回からはリュックにして両手を自由にしよう」といったことに気付きます。

排水溝の格子のふた（グレーチング）を上げると、中はタバコの吸い殻がたくさん。歩道と車道の間がゴミだらけ。これらは雨のときの排水の妨げとなり、道路が冠水する原因にもなります。

清掃活動に参加するたびに、多くのことに気付きます。気付く人になれるのです。

サッカーの一大イベント、２０１４年ＦＩＦＡワールドカップで日本は敗戦したにもかかわらず、日本のサポーターが試合後に会場のゴミ拾いをしました。その行為に世界から多くの賛辞が寄せられました。そしていま、２０２０年東京オリンピック・パラリンピック競技大会の準備が着々と進められています。

かつて長野オリンピックで清掃を支えたのはボランティアでした。さあ、ゴミのない美しい日本で世界のお客様をお迎えしましょう。

あなたの協力が必要とされています。出番ですよ。

## コラム2 清掃活動に参加して（東京都　Aさん）

私が掃除の会に参加しようと思ったきっかけは、半年前に上京したばかりで、地域との関わりがなく、周りに知り合いがいないため心細さや不安を感じたことがきっかけでした。

実際に参加したときは、そこに参加する人たちが何の見返りを求めずに、遠くからでも参加し、また楽しそうに掃除しているようすに驚きました。「掃除してやっているのではなく、させてもらっている」、そんな姿勢が強く感じられ、すごいと思うばかりでした。

そこから私も掃除の会に続けて参加するようになって一年が経ち、その仲間は、仕事や趣味では得られないかけがえのないもので、心から信頼が置ける、安心できる存在です。誰もが嫌がる掃除だからこそ、共に取り組んだことで築かれた関係は、目に見える利益ではなく、心の豊かさをもたらしてくれました。特に都会において、その存在はとても貴重です。これからも掃除の会という場所を大切に、共に歩んでいければと思っています。

## 3 携帯電話・スマホ・パソコンで世界が広がる

携帯電話・スマホ（スマートフォン）・パソコンなど、情報機器と呼ばれるこれらは大変便利です。使えば、確実にあなたの世界は広がります。

「新しいことは苦手で」

「機械はダメ〜」

「そんなむずかしいことはできない」

「いまさら覚えても」

という声が聞こえてきます。

多くの人が新しいことが苦手です。はじめてやるのですから当然です。情報機器は使いこなせないと思っていませんか。やってみなければわかりませんよ。一歩を踏み出せば多くのことを知ることができます。


情報機器とは、携帯電話・スマホ・パソコンだけでなく、固定電話・ファックス（ファクシミリ）・コピー機（複写機）・ＣＤプレーヤーなども含まれます。おなじみのものも情報機器なのです。

まずは触ってみること。使ってみれば便利でいいものだとわかり、楽しく活き活きできますよ。


携帯電話は、どこにいても電話ができる便利さがあります。

待ち合わせのとき、相手が見当たらないので電話をしたら太い柱の表と裏にいたということもありました。電車が事故で止まったときも、待ち合わせの相手に連絡ができ、対策が取れます。

メールもしましょう。電話と違ってメールならば、都合のよいときに用件を見られるので、相手の邪魔をしないですみます。

家族がご飯を食べるか食べないかわからず、無駄にすることがありましたが、メールで連絡を取るようになってから無駄が減り、家計の出費が抑えられました。

「操作がむずかしくって」とやめてしまうともったいない。わからなければ携帯ショップに行けば親切に教えてくれます。私は頻繁に行きました。できないと同じ事を聞きにまた行きました。

「そんなことを聞くのは恥ずかしい」なんて思わないこと。「聞くは一時の恥、聞かぬは一生の恥」。それに、聞いてお金を取られるわけではないので、聞いたほうが得です。

私は携帯電話からスマホに替えました。それは、スマホが万能選手だったからです。

電話だけでなく、メール、カメラ、位置情報、音声認識といった機能を使うことができます。また、乗換案内や地図閲覧、音楽・映像を楽しむこともできます。こんなに便利なものはなかなかありません。

はじめてAndroid（アンドロイド）とかiPhone（アイフォーン）という言葉を聞いたとき、「それって何?」と思いました。そういうときは若い人に聞いたり、携帯電話のショップに行って聞いたりします。

スマホの基本ソフトの主なものがAndroidとiPhone（現在はiOS）です。両方の特徴はそれぞれですからショップで相談したり、使っている人に聞いたりして、自分に合うものを選べばよいです。

私はパソコンで調べて比較表をつくり、自分が何をしたいかをチェックしました。

その結果、満足いくカメラ機能であったこと、もっている人が多いので、わからないときに聞けること、この二点でiPhoneにしました。

Androidはアプリ（アプリケーションソフト）が充実しているようですが、自分に必要のないアプリも入っています。iPhoneは自分で必要なアプリを取り入れて、自分の好みに合うようにしていくことができます。

スマホをもってから、写真を撮るのが楽しくて仕方ありません。自動でピントが合います。風に揺れている花もぶれずにきれいに撮れます。動画も簡単に撮れます。シャッターを押すだけ。でも、構図だけは考えましょう。脳の活性化のためです。不要なものはあとで消せますから、いくつも撮ってみましょう。四季の移ろい、美しい夕焼けの瞬間を撮って残せます。いままで気付かずに通りすぎていた自然が、こんなに豊かなものだったのかと気付かされます。

回数を重ねると撮り方も構図もわかってきます。とにかく慣れることです。動画が撮れるようになると、桜の花がハラハラ散るようすや、鳥や蜂が花の蜜を吸っているところも撮れます。楽しくて仕方なくなります。

スマホには音声認識機能があります。初心者でも大丈夫。音声認識機能を使って、「○○さんにメールをしたい」と言えばメールの画面が開きます。タイトルも本文もスマホに向かって話せば、すべて文字になります。あとは送信すればよいだけです。

「写真を撮りたい」と言えばカメラが開きます。「○○に行きたい」と言うと地図が表示され、経路案内が出ます。「お蕎麦が食べたい」と言えば、近くのお蕎麦屋さんを探して表示してくれます。

私にとってははじめてのスマホ、iPhoneを購入して3カ月がすぎたころ、近くの丘陵にウォーキングに行きました。美しい夕日を撮り麓に下りたら、何と違うところに下りてしまったのです。尾根に引き返したら途中で日が暮れてしまいます。

こんなときに焦っても何にもなりません。どうしたらよいか。そうだ、iPhoneがある。まだ、よくわからないけれど、使ってみることにしました。

まずSiri（シリ）を使いました。

Siriは iPhoneの音声認識機能アプリで、話しかけると質問に答えてくれたりWebで情報を示したりしてくれます。人間のように会話ができることから「Siriさん」とも呼ばれています。哲学的な答えが返ってきてビックリしたことも。使うのはこのときがはじめてでした。

Siriに「私はいまどこにいるの？」と話しかけてみました。すると、地図と所番地が表示されました。反対側に下りたとわかり、丘陵の麓を回り込めばもとの位置に帰れると判断しました。

地図で最初の場所をポイントすると、現在地からの所要時間が表示されます。1時間。暗くなってきたのと知らない道ということで1時間半とみました。

近くのスーパーで飲み物とパンを購入してから、歩き始めて10分、丘陵の麓のまっ暗な道が続きます。このまま進めば道に迷うので進行中止しました。

流しのタクシーは見当たらないので、またSiriに「近くのタクシーを呼びたい」と話したら、ズラッと近くのタクシー会社が表示されて、やっと安心。タクシーを呼んで無事、帰宅できました。

スマホはやってみれば、便利でとても楽しいものです。

## 4 フェイスブックで認知症防止

人とつながるために、いろいろな方法が取れる時代になりました。実際に会わなくても、スマホやパソコンを使えば、遠くにいる人、海外にいる人とも会話ができます。多くの情報を得ることもできます。

フェイスブック（Facebook）は、簡単にいうと、スマホやパソコン、タブレットなどを使って、インターネット上で人と交流するサービスのことです。登録して普通に使う分には無料です。

なぜ、フェイスブックが認知症防止になるのでしょう。まず、フェイスブックでは、人と人がつながりをもって会話をします。会話は基本的に文字です。脳を使って考えて、手を使って文を書き（入力し）、目を使って投稿文を読むなど、体のいろいろな機能を使うから認知症防止になるのです。

中高年になると、子どもたちは別に暮らしはじめ、夫婦だけの生活となります。退職した夫は仕事一途であったため趣味もなく、三食昼寝付き、テレビ三昧の毎日。会話が少なくマンネリ化した刺激のない生活。これでは体力も能力も落ちてしまいますし、認知症のもとです。

退屈している夫は妻が出かけるとついてきます。

いつも妻にペッタリ貼りついている夫は「濡れ落ち葉」といわれています。

毎日、朝から晩まで夫の面倒を見ることに追われる妻は堪忍袋の緒が切れて、三行半《みくだりはん》を突きつけます。退職後の熟年離婚。

こうならないためにも、フェイスブックで人と交流して活き活きした生活をしましょう。

## ■まずはやってみよう

「できない」は、やってみてから言う言葉です。生まれたときからできる人はいません。やらないで「やっておけばよかった」と後悔するより、やって「学び」ましょう。無駄になることはありません。それに、新しいことができなければ、社会から取り残されてしまいます。

たとえば、銀行にＡＴＭが設置されたとき、駅の改札が自動になったとき、携帯電話をもったとき、テレビが地デジに変わったとき、最初は戸惑っても、その後便利さがよくわかりましたね。いまでは誰でも、普通に使っています。

「フェイスブックは怖いからしない」という人がいます。フェイスブック＝知らない人とつながる↓怖い、と思うようです。

フェイスブックは、見ず知らずの人とやみくもにつながるものではありません。まずは離れて暮らしている家族や親しい友人、かつての同僚や同級生など、知っている人と交流するサービスです。

よく知らないから怖がるのです。簡単なフェイスブックマニュアルを一冊求めて、知識を得て、プライバシーの設定をしてからはじめれば、楽しみながら脳の活性化ができます。

## ■友人たちと交流

離れて暮らす家族や友人とお互いに近況を知らせ合ったり、趣味、職業、出身地などが同じ人たちと交流できたりします。

長年、離れ離れになっていた同級生や友人が見つかり、再び交流することもできます。私は同級生と50年ぶりに連絡が取れ、感動の再会をしました。

## ■知りたい情報を得る

たとえば、フェイスブックで操作がわからないときに、「誰か教えてください」と書いて投稿すると、みんなから回答がきます。

私は、ランチをしたお店の写真と文章を投稿し、ほかの人に情報提供します。ほかの人が投稿した情報でおいしいお店を知り、行くこともあります。

## ■写真や動画を投稿

私が撮った写真を投稿したら、友だちのプロの写真家がコメントで褒めてくれたことがありました。うれしかったです。写真を撮るのがますます楽しくなりました。

コメントや「いいね」をもらうとうれしくなります。投稿欄には「いいね」というボタンがあり、文字どおり「いいね」の意味と「見ましたよ」の意味で押されるのです。

## ■自分史をつくる

誕生からいままでのこと、趣味、旅行、人生のことを種類別に投稿して、自分史がつくれます。非公開に設定すれば、自分以外の人は見ることはできません。

## ■フェイスブックで公表

私は、この本を執筆することをフェイスブックで公表しました。それを知ったアメリカに住む日本人の友人は「執筆の合間の気分転換に聴いて」と歌を届けてくださいました。筆が進まなくなったときは心のなごむ曲。ときにはアップテンポの曲で執筆がはかどります。感動しました。みんなが応援してくれていると思うと頑張れました。

## ■驚きの交流

テレビ番組「開運！なんでも鑑定団」のレギュラーであり、ブリキのおもちゃをはじめ、コレクターとして有名な北原照久さんと会えました。

フェイスブックで知り、トークショーに行きました。そこで一緒に写真を撮っていただきました。その後も、イベントでお会いし、お話もしました。フェイスブックがなかったらできないことでした。

北原照久さんとのご縁から、楽書《らくしょ》家の今泉岐葉先生とのご縁もいただきました。私が求めていた書がここに。いまでは今泉先生のお教室の生徒になり、「楽書」を楽しんでいます。

フェイスブックでは、その人に「寄り添う」ことができます。喜びは共に喜び、悲しみは分かち合い。相手が落ち込んでいれば励ましたり、慰めたり。しばらく投稿しないと、「病気じゃないか」と心配してくれるコメントが寄せられます。「私はひとりぽっちではない」と感じます。

フェイスブックによって、毎日が活き活きとしてきます。

## 5 世話役はやりがいあり

退職して自分の時間がもてるようになったら、世話役をしましょう。同窓会、職場のOB会、自治会の役員、数人から大人数の懇親会、いろいろな世話役があります。世話役は動き回り人と接し刺激を受けますから、認知症防止になります。

私自身、同窓会・自治会ほか、いろいろな世話役をしてきましたし、いまでもしています。その体験から言いますと、世話役は人の役に立つことをするので、やりがいがあります。先に言いましたが、「今日、行くところがある」「今日、用がある」のですから、脳も心も活き活きとして、人間的にも成長します。

世話役をすると得をする。それが体験を通しての私の結論です。

## ■勇気ある一歩を踏み出す

いくつかの世話役をしていると、「あなたはそういうことが好きだから、あなたがやればいい」と言われます。誰でも、無償で自分の時間を割いて役員をすることは負担です。まして、仕事をもっていればなおさらです。できれば役を逃れたいと思うのが人情。

しかし私は「何事も勉強」と思っています。実際、世話役を経験すると多くのことを学べます。そして役割を果たしたときの達成感・充実感は何物にも代えがたいです。

「私にはできない」と思っていたのが「私にもできるかも」と変わり、「私にはできる」となっていきます。自信がつき、人間的に成長します。だから世話役を引き受けるのです。

会をはじめて立ち上げた人は、経験がない中で試行錯誤しながら会を軌道に乗せていったと思います。ときにはつまずき、失敗することもあったでしょう。でもそれは経験として、次に失敗しない工夫をする役に立ったはずです。失敗は成長のもとなのです。

物事が上手くいかなかったときの批判を恐れる人がいますが、批判されるということは「関心をもってもらえた」ということ。無視されるよりずっといいのです。

悪いところがあれば、改良して一生懸命やってみましょう。かつて批判した人が、理解をして協力者になってくれることもあります。

失敗を恐れないこと、批判を恐れないことです。


自治会のある人は、役員をしたことで元気になりました。その人は、以前は覇気がなく、ご夫婦二人暮らしでめったに外に出てきませんでした。

順番で役が回ってきたときに、役員経験のある私に相談に来ました。「私にできるかしら?」と。「大丈夫、はじめは戸惑ってもだんだん慣れるし、経験者もいるので」と答えました。

役員は一年間。その人は、一生懸命役割を果たしていました。前より明るくなり、歩くのに下を向かなくなりました。任期が終わりのころに、その人は私に「やってよかったです」と言いました。

「私にできるかしら?」だったのが、役員をして「私も人の役に立てる」と気付き、自信がもてて変われたのです。

私は自治会の役員として事務をしてきました。会報や掲示物をつくることで、WordやExcelのレベルUPができました。イベントのポスターづくりでは、はじめて図形機能を使いました。周りにパソコンをする人がいませんでしたから、ひとりでの作業でした。でも、四苦八苦すればするほど脳は活性化。

また、同窓会で記念誌の編集委員もしました。仕事をもちながらでしたから大変でしたが、感謝され、褒められました。そうなるとうれしくなり、心はワクワク、活き活きできました。やりがいがありました。

はじめてのことにチャレンジする人は、「できないかもしれないけれど、できるかもしれない。とにかくやってみよう」というポジティブ思考。工夫して、四苦八苦して、何とかやろうとします。

この四苦八苦が脳や体を活性化させるのです。

失敗して何回もやっているうちにできるようになり、自信がつきます。できなかったとしても、脳を働かせたのですから、脳の活性化になります。失敗してもへこたれない、強い精神力も養われます。どちらにしても、チャレンジする人は成長するのです。

ネガティブ思考はやめましょう。

## ■スーツを脱ごう、名刺を捨てよう

ところで、世話役をするときに気をつけなくてはならないことがあります。退職すれば、みんな「普通のおじさん、おばさん」です。それに気付かない人がいるのです。地位や名誉が忘れられず、心の中で、いつまでもスーツを着て、名刺の肩書きを背負ってしまっているのです。

そういう人が自治会で役員、とりわけ会長になると「俺様は会長だ！」と暴言を吐き、「会長のいうことが聞けないのか」とワンマンぶりを発揮。それでは、誰も意見を言えず、明るい自治会など望めません。ある自治会では、二手に分かれて派閥ができ、大喧嘩。これでも大人かとあきれかえりました。

スーツを脱いで、名刺を捨てて、会のために奔走すれば、みんなから尊敬される人間になれ、「やりがい」を感じられます。

## 6 好きなことを思う存分する

「趣味は何ですか？」「好きなことは？」と質問すると、「さて？」という人がいます。この先、活き活き暮らすか、ボケて暮らすかは、自分次第。

退職した後は、いままでできなかったことをするチャンスです。たとえば、買って「積《つん》読《どく》」になっていた本を読むとか。それも多様な分野がよいでしょう。

読書だけでなく、旅行もしましょう。自分で計画を立てれば、行く前からワクワクします。ひとり旅ならコース変更も自由自在。ゆったり、のんびり旅行ができます。風景やおいしい食べ物はもちろん、地元の人の人情に触れることもできます。

旅行は、ＪＲの「青春18きっぷ」を利用すれば交通費が安くすみます。私はその切符で出雲に行ったり、東北地方を一周したりしました。

「青春18きっぷ」はＪＲ線の普通列車、快速列車が1日乗り放題。販売および使用期間限定の特別企画乗車券です。使用年齢制限はありません。早く着くことよりも、大切にしたいものに出会えます。

散歩が好きな方にはウォーキング。ウォーキングは有酸素運動。酸素が体全体に行き渡り、さらに足の裏からの刺激により脳が活性化。筋力もＵＰ。

ジョギングより負担が少ないので、続けやすいです。乗物にたとえるとジョギングは急行で、ウォーキングは各駅停車。ウォーキングなら、自然が目に入り、季節の変化が感じ取れます。

水泳や水中ウォーキングも気軽にできるスポーツで、体にかかる負担が少ないのに、全身を鍛えられます。陸上で歩くのに比べて、カロリー消費・脂肪燃焼・筋力ＵＰなどの効果があるので、プールで歩く人が増えました。リハビリとして水中ウォーキングを取り入れている病院もあります。

お稽古・習い事もあります。仲間ができて、楽しいお付き合いが広がります。人との会話で脳も心も活き活き。

たとえばカラオケ教室。ストレス解消になり、お腹から声を出すので腹筋が鍛えられ、健康につながり、一石二鳥。

何を習ったらよいかわからないという人は、いろいろやっているうちに自分に合ったものを見つけられるでしょう。

私は、カラオケ、社交ダンス、書道といろいろやりました。カラオケははじめて、社交ダンスと書道は40年ぶりに習いました。どれも楽しかったのですが、取捨選択をして書道が残りました。

冊子や新聞に投稿することもお勧めです。投稿して自分で書いたものが掲載されれば、うれしいものです。

自分史に自分の人生を書くのもいいでしょう。子や孫のことを書けば、やがては○○家の歴史になります。

上手な文を書こうと思わないこと。小説家ではないのですから、下手な文でもよいのです。

私は、月2回発行される『而今《にこん》』誌に約10年間、毎回投稿しました。感想や自分の考えを述べたものです。『而今』は国会図書館に保存されています。掲載されるとうれしくて次も書く。それで、いつの間にか文章力がつき、48歳から学びはじめた大学で、レポートや卒業論文に役立ちました。

友人が、辞書の編集を手伝い、あとがきに名前が載りました。友人は、自分の名前が永遠に残ると大喜び。

本を書けば、自分の名が残ります。お金で買えない財産です。

私は、「本を書きたい」という思いがありました。それから30年。この本で夢が叶ったのです。

## ■60歳すぎて楽しんでいる人々

50歳なのに覇気がなく老人に見える人がいる一方で、80歳なのに元気な人がいます。元気ではつらつとした人は、仕事や趣味、好きなことをしています。

映画「若大将シリーズ」や歌謡曲「君といつまでも」で知られた加山雄三さん。59歳から本格的に油絵を描きはじめたそうです。画集も出しています。油絵を鑑賞する機会がありましたが、それは素晴らしいものでした。

前述の北原照久さん。ウクレレ・エレキギター・ダイビング・サーフィンは50代からはじめ、56歳でゴルフをはじめたそうです。お話ししたとき、若々しくて60歳の半ばをすぎた方とは思えませんでした。好きなことを思う存分しているからでしょう。

## ■人間の可能性を証明した二人

守田満《みつ》さんは69歳から陸上をはじめて現在92歳。何と、5個も世界記録を達成しています。

長岡三重子さんは現在101歳。80歳のときに膝を痛め、リハビリのために水泳をはじめました。26種目で世界記録を保持。100歳を超えて、1500メートル自由形を完泳できる女性は世界でただひとりです（短水路25メートルプールでの記録）。

楽しいことは自分で見つけ出すもの。思ったときがはじめどきです。いくつになっても何かをはじめるのに遅いということはありません。

## ■好奇心バンザイ！

私は「楽しいこと探し」で毎日活き活き、ワクワクしています。待っているのではなく、自分で物事の中に楽しさを発見するのです。そのためには好奇心をもつこと。好奇心、あるとないとでは大違いです。好奇心とは、「あっ！」「えっ？」「う～ん」。

「あっ！」と関心をもつ。

「えっ？」と疑問をもつ。

「う～ん」と考える。

「楽しいことなど一つもないわ」と言っているあなた。外に出て、周りを見てみましょう。まずは少しだけでも関心をもつ。それはあなたを大きく変えます。

ほら、風の音が聞こえて、木々の囁きが聞こえますよ。空も雲も毎日違う顔を見せてくれます。何よりも木や花が呼びかけてくれます。

無関心でいると「脳」は老化の道をまっしぐらです。何かに「ハッとする」ことは、脳の活性化になります。

ハッとして脳は活き活き！

# 第2章

# お金をもらいながら勉強をする方法

# 1 失業したときの駆け込み寺

失業し、再就職のために資格を取りたいが、専門学校は授業料が高くて失業中の身にはとても無理。そんなときの駆け込み寺として公共職業訓練校（以下、職業訓練校）があります。

一流会社だから倒産しない、ということはありません。会社の倒産、突然のリストラなど、いつ自分の身に降りかかってくるかわからない時代です。家族を抱えているなら、茫然として嘆いているわけにはいきません。一刻も早く、生活の手段を得ないとなりません。何か起きても、命に関わるとき以外はジタバタしないこと……といってもむずかしいですが。

それでも、自分を落ち着かせて対策を考えます。

子どもを抱えて女手一つで生計を立てていた私は何回も失業しました。しかし、オロオロはできませんでした。子どもが不安になってしまいますから。私の場合、失業したときは、すぐにハローワークに飛んでいきました。

会社から離職票と雇用保険被保険者証を受け取ったら、ハローワークで雇用保険（旧失業保険）の受給手続きをします。

会社から離職票と雇用保険被保険者証を受け取るまでの期間は、退職後約10日間前後、遅くても14日後までにもらえるのが普通です。それより遅い場合は、もとの勤務先に請求します。それでももらえない場合は、もとの勤務先を管轄するハローワークに連絡すれば、ハローワークから勤務先に指示してくれます。


雇用保険は政府が管掌する強制保険制度です。労働者を雇用する事業は、原則として適用されます。しかし、会社が雇用保険に加入していなければ、失業したときに給付金はありません。私は面接で「雇用保険に加入していないなら勤められません」と言ったら、会社は加入してくれました。

就職するときは、会社が雇用保険に加入しているかどうか確認しましょう。また、パートやアルバイトの人が被保険者になるにはいろいろな条件がありますので、あわせて確認しましょう。

会社都合（倒産、リストラなど）でやむなく退職、自己都合（結婚、独立など）で退職、病気・介護などで退職、それぞれの人の給付金の手続き方法と受給開始時期や受給期間は違います。ハローワークに問い合わせるのがよいでしょう。

さて、ハローワークの次は職業訓練校です。

職業訓練校は、専門学校と混同されることがあります。職業訓練校は厚生労働省の管轄にあり、基本的に失業者が対象ですので、専門学校とは違います。

再就職がむずかしい中高年、雇用保険の受給期間はすぐに切れます。しかも、私は二人の子どもを抱えていました。けれども、職業訓練校に行ったことで資格を取得し、再就職ができました。路頭に迷わずにすんだのは職業訓練校のおかげでした。

♪人生楽ありゃ苦もあるさ
涙のあとには虹も出る
歩いてゆくんだしっかりと
自分の道をふみしめて

（「ああ人生に涙あり」作詞：山上路夫・作曲：木下忠司）

ご存知、テレビ時代劇「水戸黄門」の主題歌。自分の人生の道、自分が歩くしかありません。涙のあとには虹が出るのですから、何があっても挫けずに。

## ■まずは入校試験

入校するには筆記試験と面接試験があります。人気のあるコースは倍率も高いです。筆記試験科目は中学程度の国語と数学です。合格ラインの目安は50パーセントくらいといわれています。国語は比較的多くの方々ができるので、数学が合否を左右します。過去問題集があるので、それで勉強するのがよいでしょう。

筆記試験より重視されるのが面接だそうです。コースについて内容を理解しているか。なぜそのコースを選ぶのか。就職に対する意欲（明確な目的や目星）があるか。前の職場を辞めた理由などを聞かれます。全部、常識的な質問です。それだけに自分の意思、考え方がしっかりしていないと、面接で落とされてしまいます。頑張って試験に合格して再就職を目指しましょう。なお、就職が決まってハローワークに報告すると、雇用保険支給残日数により再就職手当が出ます。支給残日数により給付率が異なりますので、ハローワークに問い合わせましょう。

## 2 職業訓練校は〝おいしい〟

職業訓練校で行われる訓練は、大きく「離職者訓練」「在職者訓練」「学卒者訓練」の三つに分かれています。ここでは、失業中で再就職を目指している人のための「離職者訓練」を取り上げます。

離職者訓練では、再就職に必要な技能および知識が習得できます。雇用保険の給付日数内であれば、給付金を受けながら勉強ができます。しかも授業料3〜6カ月コースは無料です。若年者向けの長期コース（高卒対象、1年以上）のコースのみ原則として有料となっていますが、その額は1カ月に1万円くらいです。長期コースも無料にしている都道府県もあります。

一クラスは25〜30名くらいで、指導が行き届いています。職員の方は熱心に再就職の斡旋をしてくれます。終了時には、ハローワークと連携して就職先まで紹介してくれます。就職率は施設内訓練81・0パーセント、専門学校への委託訓練69・2パーセントです（表

### 表①　平成24年度公共職業訓練実施状況

| | 合計 | | 機構 | | 都道府県 | |
|---|---|---|---|---|---|---|
| | 受講者数 | 就職率 | 受講者数 | 就職率 | 受講者数 | 就職率 |
| 離職者訓練 | 151,552 | — | 30,363 | — | 121,189 | — |
| うち施設内 | 41,730 | 81.0% | 30,332 | 84.9% | 11,408 | 73.0% |
| うち委託 | 109,822 | 69.2% | 41 | 68.3% | 109,781 | 69.2% |
| 在職者訓練 | 103,001 | — | 49,555 | — | 53,446 | — |
| 学卒者訓練 | 18,561 | 93.9% | 5,903 | 97.8% | 12,658 | 92.7% |
| 合計 | 273,114 | — | 85,821 | — | 187,293 | — |

注１　離職者訓練の就職率については、訓練修了３カ月後の就職状況
注２　学卒者訓練の就職率については、訓練修了１カ月後の就職状況
注３　定例業務統計報告調べ
（厚生労働省より）

①参照）。

雇用保険の給付金のほかに、訓練（受講）手当が１日５００円、通所（交通費）手当が実費相当分支給されます。また、１～２年コースは学割定期が利用できます。

作業服代、教材費、実習費、資格検定費などは自己負担ですが、手当が出るので負担は軽くなります。職業訓練校に通うための経費は、雇用保険とそのほかの手当でほぼ賄うことができます。つまり、お金をもらいながらスキルアップできるのです。

自己都合で退職した場合は３カ月の給付制限がありますが、職業訓練校は給付制限を免除されます。つまり、自己都合で退職してもすぐに

給付金がもらえます。

もっとも大きいメリットは、入校時に雇用保険の受給資格があり、なおかつハローワークで訓練を受ける必要があると判定された人は、訓練修了までその給付日数が延長されることです（例外あり）。

たとえば、雇用保険を90日支給される人が、30日支給されたところで180日の職業訓練を受けたとします。職業訓練中に残りの60日が支給され、さらに訓練期間180日－60日＝120日。訓練期間が終わるまでのこの120日分も支給されます。

本来ならば90日の支給だった雇用保険が、90日分＋120日分＝210日分支給されます。これはスキルアップしなくては再就職がむずかしい中高年や家族を養う立場の人にはありがたい仕組みです。

職業訓練受講給付金という制度もあります。雇用保険を受給できない求職者（受給を終了した人を含む）が、ハローワークの支援指示により職業訓練を受講し、訓練期間中に訓練を受けやすくするための給付を受けることができる制度です。支給の条件は厚生労働省のサイトにあります。

## ■欠席しても手当

訓練を欠席すれば、その分手当は支給されません。しかし、「やむを得ない理由」に該当すれば、欠席しても手当が支給されます。

やむを得ない理由とは、本人の病気や怪我、企業の面接や採用試験など就職選考への参加。国家試験や検定試験。結婚式・新婚旅行（連続14日以内）、親族の結婚式・葬式への出席など。

本人の病気や怪我の場合は、診断書、傷病証明書、薬袋（名前、日付、病院名がわかるもの）のうち、いずれか一つ。ほかに領収書・欠席届を提出しなければなりません。そのほかの理由で欠席の場合も、それぞれに決められた証明書が必要となります。

## ■思いもよらないチャンス

原則、普通職業訓練を担当する職業訓練指導員は、担当する訓練科に対応する職種の職業訓練指導員免許を受けた者とされています。しかし、同等以上の能力をもつ職業訓練指導員は免許を必要としていません。つまり、一般企業の経営者や税理士・労務管理士の人が職業訓練指導員を務めることがあります。

訓練が終了となった私は、ふとしたきっかけで、他のコースで指導員を務めていた社長さんの会社に再就職することができました。

## ■学びは無駄にならない

施設内での訓練のほかに、外部の専門学校に委託している訓練があります。私は「会計実務科」で簿記・電卓・税法ほかを学びました。そのときは外部の専門学校での訓練でした。

日商簿記2級（工業簿記含む）、電卓検定2級合格が目標でした。講師は専門の先生。さすがに教え方が上手でわかりやすかったです。電卓は左手で入力するのが主流でした。左手入力ですと右手にペンがもてるので効率的です。私は左手での入力は一から身に付けなければなりません。検定試験までは間に合わないのでいままでどおり右手で入力。自費で検定対策集中講座も受けました。その専門学校での一般の講座ですから、当然合格率UPを学校は目指しています。したがって、委託訓練よりレベルが上でした。

日商簿記2級については、残念ながら検定試験に落ちてしまいましたが（全経2級は取得、後述）、学んだことは無駄になりませんでした。自分が活き活きできたこと、新しいことを知ったこと。それらが、手当を受けながらできたのですから。

やはり、職業訓練校は〝おいしい〟。

## 3 50歳で簿記2級、電卓3級

職業訓練校は、4月入校と、4月と10月の2回入校があるコースが多いです。ほかに年4回などのコースもあります。

訓練終了後1年以上間を空ければ、違うコースなら再度受講することができます。例外として、情報通信系以外の3～6カ月コースを受講した人は、その修了後に（1年間間隔を空けなくても）情報通信系の1～2カ月程度のコースを受講することが可能です。

私は3回入校し、2回訓練を受けました。1回は3日間だけ受講して退校しました。というのは、入校時にとある会社からお話があったのです。面接は入校後で、就職できるかどうかそのときはわかりませんでした。先生に相談したら、「作業服は購入しなくてはならないが、入校した後、就職できたら退校し、できなかったら訓練を続けなさい」ということでした。しかし、運良く就職できたので、退校しました。

## ■最初の入校

私は、離婚して子ども二人を抱えていたので、雇用保険が下りるまでの3カ月の給付制限期間が苦しい。48歳では再就職口も少ないので職業訓練校で簿記を学ぼうと思いました。試験の過去問題集を見たら国語は日常で使っているので大丈夫だったのですが、数学で解けないものがありました。それで、近所の高校生に中学校の数学のテキストを貸してもらって勉強しました。

面接は厳しいです。前述のとおり、訓練を受ける明確な目的を伝えるのはもちろんですが、面接官の方は結構痛いところを突いてきます。「こんなによい給料をもらっていたのになぜ辞めたのですか？」と言われました。辞めた会社では男性に近い給料でしたので、そこを突かれました。返答に困った私は「仕事はお給料が高ければよいというものではありませんから」と落ちる覚悟で言いました。先生は「そうですよね」ととても納得してくださって、こちらが呆気にとられました。見事、面接をクリアし入校できました。

訓練は一般簿記、会計ソフトを使ってパソコンでの簿記、Word・Excel、社会保険と多肢にわたりました。体育もありました。

労働基準法についても学びました。このことによって、後に、仕事上で怪我をしたときに誤魔化してきた会社に対抗できました。知っているのと知らないでいるのとでは大違いです。

電卓はキーを見ないで打てるように、パソコンもブラインドタッチができるように検定目指して猛訓練。どちらも指の位置を身に付けるため、同じ文字を打つ訓練を長いこと続けます。退屈で飽きるのですが、最後にはブラインドタッチができるようになりました。ブラインドタッチは、その後の仕事や自治会での会報づくりなど、いまでも役に立っています。パソコンの授業を受けたことで、使用しているパソコンの機種が変わっても抵抗なく使えることにもつながりました。

簿記検定は日商、全商、全経とあります。

私は50歳で全経2級と電卓検定3級を取得しました。

## コラム3 検定試験前は大変

検定試験が近くなると、電卓は猛練習、簿記もひたすら練習問題を解き、とにかく勉強、勉強、勉強。年末の大掃除はできず、お正月は返上でした。

検定試験の二日前、先生は「主婦の人は、今日から家事も夫の世話も放棄して、検定のための勉強だけに集中してください」と言いました。

電卓検定試験の朝、私はめまいがしていました。しかし何としても検定試験を受けたい。行くだけ行って、どうしてもダメなら諦めよう。そう決めて会場へ行きました。

隣は20歳台の若い男性。その人が私に「自信がない」とネガティブな言葉を言い続けるのです。何て気の小さい人と思った私はその人に「ダメと思えばダメだし、大丈夫と思えば大丈夫。頑張りましょう」と気合いを入れました。

自分のためでもありました。検定試験中は私のめまいもどこかに飛びました。

## 4 心は若者、体は年相応

職業訓練校は楽しいです。学校で勉強するのですから学生時代に戻った気分になります。青春を取り戻したようにみんな活き活きします。しかし、50歳以上の高齢者の人が自覚しなくてはいけないことがあります。

体育の訓練は要注意です。つい自分の年齢を忘れて、若いときと同じことができると勘違い。体がついていかなくて怪我につながることがあります。

体育だけでなく勉強においても同じです。

どんな問題も解けるように多くの練習問題をこなします。電卓は、早く正確にキーをたたくことが合否を分けるので、ドリルを繰り返し練習します。必死で勉強をしているうちに、つい自分の年齢を忘れてしまうのです。ところが若いときとは体力が違います。

私は、検定試験の直前は3時間睡眠が続きました。そのせいで職業訓練校では体調が悪くなり、近くの医院を受診したことがありました。

「寝不足と手遅れは、どんな名医にも治せません」と医師に言われました。どうして医師に私の寝不足がわかったのか不思議でしたが、職業訓練校の近くの医院でしたから、検定試験前は寝不足で倒れる人が何人かいたのでしょう。

若いうちは睡眠不足も乗り越えられるのですが、年齢とともに体力は落ちます。「心は若者、体は年相応」ということを自覚しておかないといけません。

## 5 職業訓練校で将来を明るく

職業訓練には、「離職者訓練」「在職者訓練」「学卒者訓練」の三つがあり、私は、「離職者訓練」を受けて再就職したことは前に述べました。

ここでは「学卒者訓練」を取り上げます。

学卒者訓練には、普通課程、専門課程、応用課程の三つがあります。期間は課程に応じて1～2年です。内容は、国と都道府県で異なります。

国は、高度で専門的かつ応用的な技能・知識を習得させる訓練を、高卒者を対象に2年間で実施しています。

## 表② 学卒者訓練の概要

○ 国は、職業に必要な高度で専門的かつ応用的な技能・知識を習得させるための長期課程の訓練を実施（高卒者等２年間）しています。

○ 都道府県は、職業に必要な基礎的な技術・知識を習得させるための長期課程の訓練を実施（高卒者等１年〜２年間、中卒者等２年間）しています。

| | 普通課程<br>（中学・高等学校卒業者等を対象にした1〜2年間の訓練） | 専門課程<br>（高等学校卒業者等を対象にした２年間の訓練） | 応用課程<br>（専門課程修了者等を対象にした２年間の訓練） |
|---|---|---|---|
| 実施施設 | 職業能力開発校 | 職業能力開発大学校<br>職業能力開発短期大学校等 | 職業能力開発大学校 等 |
| 目的 | 地域の実情に応じ、地域産業に必要な多様な技能・知識を労働者に養成 | 高度なものづくり人材を育成するため、技術革新に対応できる高度な知識・技能を兼ね備えた実践技能者を養成 | 高度な技能・技術や企画・開発能力等を習得し、生産技術・生産管理部門のリーダーとなる人材を育成 |
| 訓練時間 | 中卒者等（2,800時間〔1年につき概ね1,400時間〕以上）、高卒者等（1,400時間以上） | 2,800時間（１年につき概ね1,400時間）以上 | 2,800時間（１年につき概ね1,400時間）以上 |
| 訓練科 | OA事務科、機械加工科、自動車整備科、木造建築科 等 | 生産技術科、電子情報技術科、電気エネルギー制御科 等 | 生産機械システム技術科、建築施工システム技術科等 |
| 受講料 | 各都道府県で定める額 | 390,000円（1年間：高齢・障害・求職者雇用支援機構実施分）<br>＊別途、入学金169,200円が必要 | 390,000円（1年間：高齢・障害・求職者雇用支援機構実施分）<br>＊別途、入学金112,800円が必要 |

（厚生労働省より）

都道府県は、基礎的な技術・知識を習得させるための訓練を、高卒者等には1〜2年間で、中卒者等には2年間で実施しています（表②参照）。

ここでは普通課程を取り上げます。普通課程は、中学・高校卒業者等を対象にした1〜2年間の訓練で、職業能力開発校で実施されます。訓練科目は、OA事務科、機械加工科、自動車整備科、木造建築科ほか。

学卒者訓練は有料ですが、教育訓練給付が支給される場合があります。

教育訓練給付とは、労働者や離職者が、自ら負担して、厚生労働大臣が指定する教育訓練講座を受講・修了した場合、本人がその教育訓練施設に支払った経費の一部を支給する雇用保険の給付制度です。働く人の主体的な能力開発の取り組みを支援し、雇用の安定と再就職の促進を図ることを目的としています。

支給対象者など詳細は、厚生労働省のサイトにあります。


息子も、離職したときに「車のエンジンを見るとワクワクする」と言って、自動車整備の職業訓練を受けました。

東京の職業能力開発センターに入校。学卒者訓練の普通課程、科目は自動車整備工学。期間は2年。対象者は、高等学校卒業又はこれと同等以上。35歳以下。訓練はコースにより昼夜間ありますが、自動車整備工学は昼間です。

訓練は基礎訓練にはじまります。学科・実習とも、小型・大型自動車の整備に関した訓練があります。

2年間の訓練を修了することで、二級自動車整備士（ガソリン、ジーゼル、二輪）の国家試験の受験資格が得られ、さらに実技試験が免除されました。主な就職先は、カーディーラーや二輪販売整備などの自動車販売整備関連会社、バス会社など。主に自動車整備関係の会社。就職率は高いです。

はじめは多くの工具の名前を覚えるのと、それぞれの工具のもち方を身に付けるのが大変だったそうです。当時、息子は結婚を約束した人がいたので、「人生がかかっているから」と必死で勉強していました。

二級自動車整備士の国家試験は3月ですから、たいていの人は11月か12月から試験勉強をはじめます。絶対合格するためにと、息子は夏から試験勉強をはじめました。

彼女に問題を出してもらって、一つでも間違えるとテキストを一冊読み直しました。猛勉強のおかげで、試験は満点に近かったと喜んでいました。

そして大手の自動車会社の整備工場に就職しました。

その後、結婚して秋田県に住むことになり、秋田県の自動車整備会社に転職。秋田県代表として全国自動車整備士コンテストに出場しました。秋田に息子を訪問したとき、会社の入口に息子の等身大の写真が立っていて、うれしい思いをしました。

職業訓練校で、息子は、将来を大きく明るいものに変えました。それは、誰もが意識すればできることなのです。

# 第3章

# 慶應義塾大学に入学したことが活き活きのはじまり

## 1 何歳になっても大学で学ぶことはできる

人生、いくつになってもくすんでなんかいられません。大学に入学して、もう一度青春しましょう。活き活きしますよ。

「いまさら」とか「歳だし」「仕事があるし」と言いたくなりますね。大丈夫、大学には通信教育課程という道があります。

### ■いまさらではなくいまから

大学の授業ではレポートが多く課されます。レポートとは「与えられたテーマについて研究し、その報告・発表をする」ものです。読み手を意識して文章を書きます。会社でも、報告書・企画書・プレゼンテーションなど、〝文章を書く〟ということは、ついてまわりますね。

レポートを数多く書くことにより、物事をまとめる力、論理的に書く力が身に付き、読み手に伝わる文章が書けるようになります。思考力が身に付きますから、先を見通すことができるようになります。「先見の明のある人」になれます。

## ■歳でも仕事があっても

大学通信教育は、社会人が仕事と両立させながら学べます。誰でも学べる生涯教育の場として、各大学で開かれています。

在学生の年齢は、たとえば慶應義塾大学通信教育課程では、

〜29歳　19・2パーセント
30歳〜　26・3パーセント
40歳〜　26・0パーセント
50歳〜　15・7パーセント
60歳〜　12・8パーセント

です（「データで見る通信教育部2014年度」慶應義塾大学通信教育課程より）。何歳になっても遅いということはありません。

大学、大学院、短期大学の通信教育に、全国でおよそ25万人が学んでいます。そのうち、大学の通信教育に学ぶ人は、およそ21万人です（「平成25年度学校基本調査」文部科学省より）。

社会人となってからは、大学通信教育に学ぶのは、確かに時間の制約や年齢的な問題もあります。卒業への道は困難ですが、次のような人たちもいます。

- 大学を卒業して、さらに大学通信教育を卒業した人
- 大学通信教育を卒業して、さらに大学通信教育の違う学部を卒業した人
- 大学通信教育の三つの学部を卒業した人

では、なぜこんなにも大学通信教育で学ぶのでしょう。

大学は就職するための肩書きだと思っていたら、それは間違いです。高校を卒業して、大学に進学した人の中には、「入試はむずかしかったけれど、入ってしまえばこっちのもの。よほどでなければ卒業・就職できる」と考えて、勉強は適当にして、遊ぶ人がいると聞いたことがあります。勉強の真の楽しさを知らずにいたのでしょう。

就職するためではなく、本当の勉強をしましょう。新しいことを知る楽しさがわかる学びができるのです。それが大学通信教育です。卒業してもまた学ぶ人がいるのは、その楽しさがあるからです。

大学通信教育は、学校教育法に定められた大学です。平成11年には、大学院で修士課程の通信教育がはじまり、平成15年には博士課程の通信教育もはじまりました。

通信教育課程（学校によって名称が違う）は、通学課程と形態が違いますが、授業も試験もレベルは同じです。教員も通学課程の方が当たります。大学によりますが、一定の単位を修得したら、通学課程への編入試験を受けることも可能です。

卒業できれば学位記が授与されます。学位記は通学課程と同様のものです。卒業したら、履歴書に書くのは「○○大学△△学部卒業」。成績証明書には「通信教育課程」の文字が入りますが、卒業証明書には入りません。

大学を卒業して、転職したい。

事情により進学できなかったけれど、やはり大学で学びたい。

退職して時間ができたので、もう一度学び直したい。

いわゆる団塊の世代の人口は、およそ664万人。現在の大学進学率は50パーセントを超えていますが、団塊の世代の人たちのころの大学進学率は12パーセント前後でした（「学校基本調査」文部科学省より）。大学に進学した人たちも、1960年の安保闘争、学生運動の中で、学生による授業ボイコットや学校閉鎖により十分な勉強ができませんでした。

大学に進学しなかった人、進学したけれど十分な勉強ができなかった人、どちらも時間ができたいまが学ぶチャンスです。

第1章に書いたように、私は60歳をすぎてもいろいろなことに挑戦し、活き活きとしています。そのはじまりは、48歳で慶應義塾大学の通信教育課程に入学したことでした。

## コラム4 脳検査「すごい！ 詰まっていますね」にドキドキ

「物忘れ」を「歳のせい」にばかりしてはいけません。病気が潜んでいる場合があるからです。「Oh No！（おお、脳！）」とならないうちに、脳検査。数年に一回。

私が脳検査を受けたとき、画像を見た医師が、「すごい！ 詰まっていますね」。血管が詰まっていると思った私は、「どこが詰まっているのでしょうか」。

私の表情が硬くなったことに気付いた医師が、「あっ、すいません。あまりに見事だったもので」。詰まっていたのは脳ミソ。当時の年齢（60歳）からすると、脳が委縮して少しは隙間ができるらしいのですが、萎縮せず脳が詰まっていたということでした。

ホッとして「大学通信教育で勉強をしていたのがよかったのでしょうか」と冗談を言ったら、医師が「それは脳にとってとてもよいことです」。

大学通信教育のおかげです。

## 2 通信教育課程の仕組み

大学通信教育が一般世間にはあまり知られていないために誤解されることがあります。そのことは大学通信教育に学ぶ者にとって、劣等感につながることがあります。どのような誤解があるのでしょう。

「通信教育課程は通学課程に比べて、勉強のレベルが低い」「通信教育生が卒業するまで年数がかかるのは頭が悪いから」。

これらの誤解は、通信教育課程は卒業するのが狭き門、通学課程は入学が狭き門、という違いから生まれたものでしょう。通信教育課程は通学課程同様、高度な学術が教授・研究されるところで、レベルは同じです。

通信教育課程が設置されている学部は大学により違います。慶應義塾大学の場合は、文学部・経済学部・法学部の3学部に通信教育課程が設置されています。

## ■入学資格

一般的にいえば、高等学校を卒業またはそれと同等以上の学力があると認められた人、あるいは高等学校卒業程度認定試験（旧大学入学資格検定）に合格した人であればその資格があります。

## ■入学時期

多くの大学では、毎年4月と10月を入学時期としています。また、それぞれの出願期間を広く設けてあります。

■入学選考

筆記による入学試験はなく、原則として書類選考で入学の可否が決まります。入学志願書に、最終学歴の成績・卒業証明書などを添えて出願します。なお、一部の大学では、「健康診断書」「志願理由書」「小論文」の提出も必要です。

■卒業所要年数

大学により大きく違います。慶應義塾大学の通信教育課程を例に取ると、学士入学の平均は5年。普通課程の平均は8年です。

通信教育生は仕事をもっている人がほとんどです。仕事と勉強の両立、勉強時間の捻出。面接授業（スクーリング）に参加するための休暇の確保。いずれもむずかしく、それが卒業所要年数の長さや卒業率の低さにつながっています。

■割引・控除

レポート等を提出する場合の郵便料金に第4種（通信教育用郵便物）が適用されます。

図　入学から卒業までの流れ

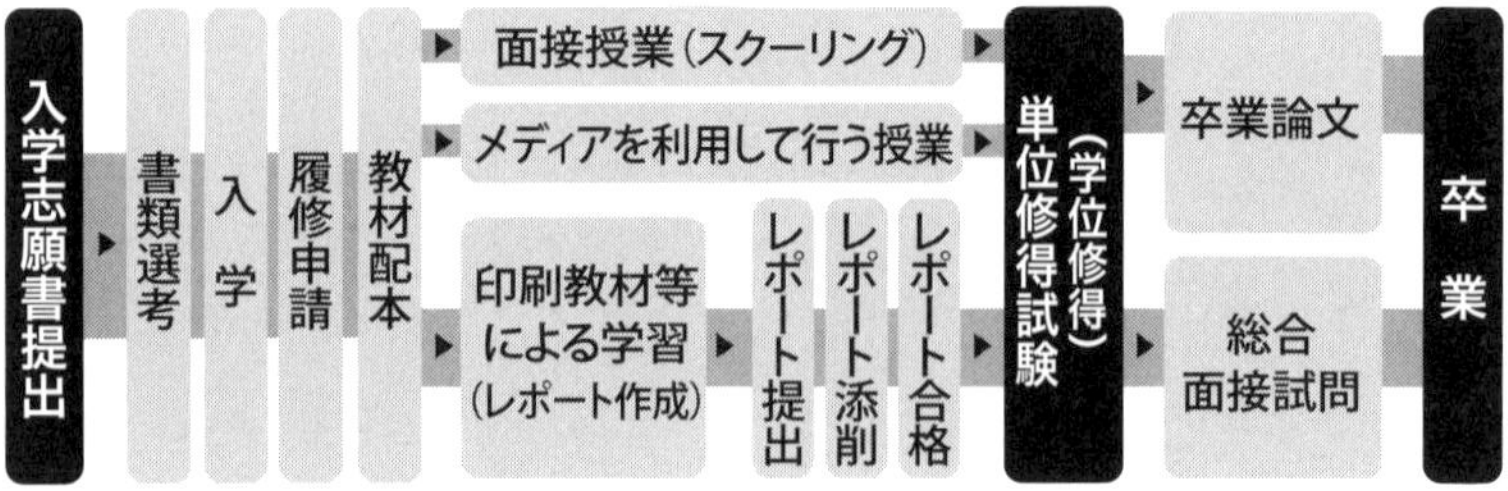


試験や面接授業に出席する場合、学生割引が適用される乗車券を購入するための学校学生生徒旅客運賃割引証（学割証）が発行されます。また、面接授業期間中の通学定期券を購入するための通学証明書も発行されます。

勤労学生控除を受けられます。ただし、所得に上限があります。

通信教育課程の例は、上の図のとおりです（私立大学通信教育協会より）。

大別すると、印刷教材等による学習、面接授業があります。また、メディアを利用して行う授業（放送授業、E-スクーリング）もあります。

印刷教材等による学習では、レポートを提出すると科目試験（単位修得試験）を受けることができます。レポートと科目試験の両方に合格すると単位修得ができます。

面接授業には、昼間・夜間・通年の3種類があります。このほかに、地方都市での集中講義を実施したり、土・日曜日に開講したりする大学もあります。

最近はパソコンと通信技術を結び合わせたE-ラーニングが盛んで、既に多くの大学がこのシステムを取り入れています。E-スクーリングもその一つで、地方の人が学びやすくなりました。

## 3 情報収集が明暗を分ける

合格通知が届き、入学すると一年目の配本テキストがドーンと一度に届きます。あまりの多さに驚いた私は、見るのも嫌になり、隣の部屋にしばらくしまってしまいました。

通信教育では、勉強をする以上に大切なことは、

- 卒業という目標をもつこと
- 卒業するまで諦めずに継続すること
- 健康であること

通信教育はほとんどが独学です。自己管理が大切になります。

## ■目標なければエンドレス

はじめに「何年で卒業するか」という目標を立てます。これは絶対必要です。私は、「卒業しなくても勉強を楽しんでいればいい」という考えでした。そのときは勉強がスムースに進行せず、「私には卒業は無理」と思っていました。

あるとき、卒業を目標にしなければエンドレスになってしまうと気付きました。その後、卒業の時期を決めてからは勉強がスムースに進行し、卒業することができました。

卒業の時期を決めていない人は、在籍期限に卒業に至らず、再入学して勉強を続けている人もいます。年数は20年を超す人もいます。

マラソンはエンドレスではありません。ゴールがあることを知っているから頑張って走ることができます。ゴールがなければ走る気になれません。人間、目標があるからできるのです。頑張れるのです。

## ■最初に情報収集

通信教育課程の卒業率が低い一つの原因として、情報の足りなさということがあります。情報が少ないと、熱心に勉強してもなかなか卒業できません。

卒業への道は登山と同じです。科目の選択の仕方によって、卒業への距離が違ってしまうのです。登山で道を間違えると、遭難したり、頂上に立つまでに多くの時間がかかったりします。しっかり準備をして、ルートを調べてから登山に臨めば頂上に立てます。

通信教育課程で卒業という頂上に立つのにも、準備が必要です。それが情報収集。

通学生は、情報をクラスメイトから得られます。わからない点は、先輩や先生に直接聞けます。しかし、通信教育生には、クラスメイトもいなければ、先輩もいません。先生から授業を受けるのは面接授業のときだけです。

勉強の仕方、レポートの書き方、面接授業の科目の選択、受講するための仕事のやりくり、科目試験にはどんな問題が出るのか。知りたいことがたくさんあります。

通信教育課程では、学生どうしが情報交換を通じ、一層の学習促進を図る場があります。慶應義塾大学の場合は「慶友会」。

慶友会では、定期的に会を開いて勉学上の情報を交換したり、講演会、研究会を行ったりしています。慶友会は、北は北海道から南は鹿児島まで50団体以上あります。自分の居住地区でなく、他県の慶友会に入ることもできます。会報や機関誌を発行している慶友会や、インターネット上で情報交換をしているところもあります。

また慶友会には、講師派遣制度があります。これは慶友会の活動地域に先生を招き、セミナーを開くことができる制度です。こうして先生方と親睦を深め、楽しい学習の機会をもつことができるのも慶友会の特色です。

私が入会した慶友会の活動日が日曜日。日曜日は仕事で慶友会に出られませんでした。転職して日曜日が休日となってから、会に出席できるようになりました。それからは情報が集まり、勉強もはかどりました。情報収集の大切さを痛感しました。

できれば、会の役員を引き受けましょう。なぜならば、役員は会報作成や行事の準備ほか、交流回数が多いのです。したがって、たくさんの情報を得られます。

私は、役員を引き受けてから、レポートを書く上での資料、科目試験の情報、面接授業の情報などを得ることができました。ただし、情報は交換するものです。「give and take」の精神を忘れずに。

## 4 勉強コツコツだけではない、単位修得のコツ

勉強をすることはもちろんですが、ただ勉強をすればいいというものではありません。コツをつかんで勉強上手になることが卒業への近道です。

通信教育課程は、一年で半数の人がやめてしまうといわれています。原因は、勉強時間が取れない、休暇が取れないので面接授業への参加が困難、自己管理がむずかしいなど。継続できずにあきらめてしまうようです。

### ■公表して挫折防止

周りの人に大学通信教育で学んでいることを公表すると、挫折防止になります。何か障

害があっても、「公表したのだからやめられない」と、その障害を乗り越えて続けられるのです。

また、公表すると励ましてくれる人や協力してくれる人がいます。特に経営者は通信教育に対して理解があり、面接授業への参加に協力してくれることがあります。

一方で、「いまさら、大学で勉強をしても無駄」とか「その年で勉強してどうするの」と笑う人もいます。勉強したいのは、その人ではなく、あなたです。何を言われても気にしない、気にしない。反対されたからこそ、途中で挫けるわけにはいきませんね。意地でも、頑張って卒業しましょう。反対されることも挫折防止になります。

## ■勉強上手になるコツ

短い年数で卒業する人は勉強もしていますが、情報交換をしているので勉強のコツを知っています。「勉強上手」です。

単位を取りやすい科目と取りにくい科目があります。レポートも、書きやすい課題と書きにくい課題があります。資料を入手しやすい課題と入手しにくい課題。持込可の科目と不可の科目。わかりやすい講義をする先生など。

多くの情報を手に入れ、まずは単位を取りやすい科目から取り組みましょう。むずかしい科目を先にして、レポートの再提出、面接授業の再受講、科目の再試験が続けば、気持ちがネガティブになります。お金もかかります。それより、単位修得という成功を積み重ねたほうが、気持ちがポジティブになり勉強が進行します。

面接授業は、印刷教材等による学習より優先させましょう。面接授業は、先生から直接に授業を受けるので、学習に関する質問や相談ができます。その後に教材で勉強すると理解しやすいです。

面接授業は、まる一週間が三期にわたり開講されます。実験面接授業のように、まる二週間受講しなければならない科目もあります。休暇の確保がむずかしいです。

私は、休暇が取りやすい会社のときに面接授業を受講しました。その後、転職した会社では不可能でした。転勤・配属変え・転職・結婚・介護など環境が変わることがあります。先に受講しておいてよかったと思いました。

埼玉県に住む学友は、卒業論文の単位修得後に、面接授業の英語の単位が足りないことに気付きました。夜間で受講することにしましたが、その前に転勤になってしまいました。

転勤先は奄美大島の近くの島。結局、翌年の夏に上京して受講しました。大きな出費となりました。卒業は一年延びました。こういう例はときどきあります。面接授業を優先したほうがよいのです。

## ■できない理由を探さない

勉強ができない理由を探すことは現実から逃げているだけです。

テキストが山のようにあって意欲がわかない。

仕事が忙しい。

家に帰ると家事がある。

数年間、私は「勉強ができない理由」を探していました。

私には無理→教材を捨てよう→捨てるのはいつでもできるから押入れに押し込もう。

一年後、勉強を再開しました。

きっかけは、卒業した友人の一言。「できない理由を言ったら、私だって山とあったわ」でした。彼女は、会社から夜中に呼び出しがあれば出社しなくてはならない重要な仕事についていていました。それでも卒業したのです。

私は恥ずかしくなりました。それからは、勉強ができない理由を探さず、卒業しました。

## 5 レポート作成のコツをつかむ

教材は「熟読」するもので「積読《つんどく》」するものではありません。たくさん送られてきた教材、どこからはじめてよいかわからないからと放置してはいけません。それがスタートの遅れとなり、卒業の遅れとなります。まず、目標である卒業の時期（ゴール）を決めたら、逆算していつまでに何単位修得すればよいか考えましょう。

レポートと科目試験に受かれば単位が修得できます。レポートを書いて提出すれば科目試験が受けられます。科目試験から先に受けることはできません。

### ■レポートは作文ではない

学習の前に導入教育を設けてレポートの書き方を指導する大学もあるくらい、レポートの書き方はむずかしく、書けない学生が多いようです。誤字・脱字もありますが、原稿用紙の書き方の決まりや禁則処理を知らない人が多いのです。

高校では作文は書いてもレポートなど書きませんでしたから、はじめは私もわかりませんでした。出したレポートが「大学の勉強です。高校生レベルで書かないでください」というコメント付きで再提出の評価で戻ってきたときはショックでした。

レポート作成では、文章の読解力と表現力を身に付けて取りかかることが必要です。

### ◆文章の読解力

- 文章を読み、筆者の主張を理解し、分析する能力
- 批判的読解力を身に付ける

### ◆表現力

- 作文・感想文と、論文・レポートの違いを理解する
- 原稿用紙の使用方法を身に付ける
- 文章の具体的な作成方法を身に付ける
- 論文全体の構成を理解し、論理の一貫した文章を作成する
- 文章作成上のエチケットを身に付ける

レポートを書く前に、「レポートの書き方」の本を読んでみましょう。

あるとき、スムースに卒業した人にレポートをどのように書いているか聞きました。そ

の人は「序論・本論・結論、あとはでっち上げ」と言いました。言い換えれば、自分の文章力で「キーワードをつなげ！」ということ。完璧でなくてもよいのです。

## ■レポート課題を分析せよ

レポートは、その課題の意味をしっかりつかむことです。

自分にとって、書きやすい課題と書きにくい課題を見分けましょう。レポート課題は2年間有効です。新しい課題で書くより、有効期間内にある前の課題のほうが書きやすいのであれば、それで書いて提出するという方法もあります。

参考文献の多い課題は書きやすいです。また、教材を書いた先生が執筆した参考文献は、レポート作成に役立つことがあります。

## ■資料集めは大学の図書館で

大学の図書館まで行くのは遠いなどの理由で、資料探しは近くの図書館になりがちです。ところが、レポート課題に適した参考文献は、大学の図書館に多くそろっています。

通信教育生への貸出しは面接授業のときだけですが、図書館内での閲覧はいつでもできます。ホームページを開くと、どんな資料があるか、貸出しになっていないかなどがわかります。夜遅くまで開館していますから仕事が終わってからでも利用できます。

## ■完璧を求めない

再提出を怖がったり、あるいはよい評価を得たいと思ったりして、丁寧な勉強をしていると、いつまでもレポートが書けません。慎重になりすぎないようにしましょう。レポートはさっさと書いて提出します。提出すれば結果はどうであれ、科目試験は受けられます。

再提出になった場合は、先生のコメントを読めば、再提出の理由がわかります。つまり、ポイントがわかります。再提出を恐れず、チャンスに変えましょう。それを知りたくて、とにかく提出する人もいます。回り道のようですが、意外と早く卒業した人もいます。だからといって、あまりにひどいレポートは提出するに値しません。

## ■文献や人のレポートからのコピペは厳禁

文献から抜粋してつないだ文章を先生はすぐに見抜きます。先生は大量のレポートを見ているプロですから。

参考に友人のレポートを見せてもらう場合は、評価がAのものを見せてもらいましょう。レポートの書き方や、課題のポイントがわかります。ただしあくまで参考です。レポートは教材と参考文献を熟読して、自分の言葉で書くものです。そのことを忘れないように。

## 6 科目試験のコツをつかむ

### ■レポート提出と科目試験を連動させる

レポートを提出するとその科目について科目試験を受験できます。できるだけ多くのレポートを期日までに提出しましょう。

レポートを提出したら、その科目試験を受ける。科目試験と、レポートの両方に合格すると単位を修得できます。レポートが不合格で戻ってきても、6カ月後の再提出期限以内に提出すれば、科目試験の合格を取り消されることはありません。

科目試験は原則として、年4回14都市で行われます。各回土曜日に3科目、日曜日に3科目、合計6科目まで受験することができます（「2015年度入学案内」慶應義塾大学通信教育課程より）。

1回に6科目ずつ年4回の科目試験を受け、科目試験とレポートに合格すれば、最大24科目の単位が修得できます。

科目試験に落ちたら、その回は「科目試験で情報を集めた」と割り切って、次回の科目試験で頑張りましょう。

## ■過去問題を分析する

過去問題集はコピーして、はさみで切り分け、科目ごとにまとめます。すると、その科目の試験の傾向がよくわかります。

- 毎回、同じ試験問題の科目
- 一度出た問題は出さない科目
- テキストの章に沿って順番に出す科目

科目試験を受けるたびに、新しい試験情報を集めると、より一層、各科目の試験傾向がわかります。科目試験のときは一定時間をすぎれば退出できるのですが、その時間になるとすぐに提出する人がいます。短時間で書き上げてすごいと思っていましたが、その人たちの中には試験情報を集めるためだけに科目試験を受け、白紙で出す人がいるのです。白紙も一つの手なのです。

私も、試験の傾向を知るためだけに科目試験を受けたことがあります。前夜、たまたま読んでいた教材ページから出題されていました。驚きました。十分に勉強してから科目試験に臨むべきですが、そういう偶然もあります。

## ■持込可の科目はお得

科目試験には「持込可」の科目があります。持込可の科目と持ち込める内容については、試験のたびに発表されます。確認しましょう。

「持込可」は五つに分類できます。

### ◆パソコンや通信機器以外は何でも持込可

テキスト、参考文献、ノートなどを持ち込めます。参考文献は、索引が付いているものを持ち込むとよいです。試験のとき、教材にしても参考文献にしても、どこに何が書いてあるかを、瞬時に探すのは至難の業です。索引がある参考文献を持ち込めば、問題に関連する箇所を見つけやすいです。索引がない場合には見出しをつくりました。目次を開くより該当箇所を早く探せます。

**◆教材のみ持込可**

書き込みがないものに限られます。書き込みがある場合は、書き込みのないものを友人から借りましょう。

**◆電卓のみ持込可**

「簿記論」や「統計学」など計算をする必要がある科目です。ただし、通信機能のないものです。

**◆六法のみ持込可**

法律関連の科目ですが、持ち込める六法の種類が限定されています。

**◆辞書のみ持込可**

外国語科目です。電子辞書は認められていません。

## 7 面接授業のコツをつかむ

面接授業の日は大学を直に体験できます。校門をくぐった途端に大学生ということを実感。ワクワク、活き活き。

面接授業期間中は、図書の貸出しを受けられます。もちろん先生に質問したり、学生同士での情報交換をしたりできます。貴重な情報収集の場です。

地方の人が面接授業を履修する場合は、宿泊費など、負担が大きいです。ボーナスを全部面接授業費用に充て、一家で上京する人もいました。その負担を解消するために、週末面接授業、地方面接授業、E-スクーリングなども設けられています。

休みを取るのが大変なことなど、先生もその辺は考慮してくださっています。よほど試験の成績が悪いとか、欠席が多いとかでなければ面接授業の単位は修得できる場合が多いです。

## ■前もっての情報収集

出席すれば単位が修得できる科目や、年齢が考慮される科目もあります。

遅刻を認めない先生。夜間面接授業では仕事後に履修する人もいるので、遅刻は認めるが早退は認めない先生。録音は一切ダメという先生。いろいろです。先輩たちに面接授業の情報を聞いておきましょう。おいしい科目がわかります。

体育面接授業は、出席すれば単位修得ができるものがほとんどです。私が体育のダンスの科目を履修したとき、70歳すぎの人がいました。先生が「椅子に座っていていいです。でも、毎日出てきてください」と。高齢なので転倒して怪我をすると大変なので、「出席すれば単位はあげます」ということでした。

## ■頑張りすぎない

早く単位を修得して卒業したいと思い、多くの科目を履修する人がいます。しかしそれは、体調を崩し、面接授業を放棄することにつながります。面接授業には履修費用や交通費が必要です。お金も時間もかかるのです。

頑張りすぎずに、確実に単位を修得する。そのほうが経済的ですし卒業への近道です。

## ■席取り合戦

人気のある先生の講座は満席で、立って授業を受けることもあります。午前中の授業が終わったら、昼食より先に午後の授業の教室にダッシュ！　よい席を確保。

よい席とは、
・先生の講義が聞きやすい
・エアコンの直撃を受けない

## ■保冷バッグは万能選手

保冷バッグを持参すると重宝です。お弁当、飲み物を入れておけば、買いに行く時間が節約できます。私はさらに、冷やしたタオルを入れておきました。夏の暑さ対策に大変有効です。

学食は長蛇の列。お弁当を買うのも長蛇の列。やっと食べられると思ったら、時間がなくなり、急いで食べて教室に飛んでいくということになります。私が入学したころは、品切れでお弁当が買えない人がいて、私のお弁当を分けてあげたことがありました。

昼休みはあっという間に終わります。時間も気持ちもゆとりをもって、講義を受けましょう。

■先生とお近づきになりましょう

先生に質問をして自分の名前を覚えてもらいましょう。質問することがわからなかったら、「参考文献を教えてください」というのも手です。そのとき、自分の氏名を名乗れば、先生の印象に残ります。

面接授業の最終日に試験があります。書き終わっていても最後に提出。先生は「最後まで頑張った人」という印象をもってくれます。答案用紙の名前も先生の記憶に残ります。特に、夜間面接授業では、人数が少ない場合が多いですから有効です。

## 8 面接授業、あの手この手

■休みの確保

通信教育課程で一番苦労するのが、面接授業受講のための休みの確保です。最低6日間、休みを取るためにいろいろ工夫します。

私の場合、期間は12日間。仕事は休むことができませんでした。経営者に「受講後に出社し、夜10時まで仕事をする」ということで許可をいただきました。講義は日吉で、家から2時間かかりました。朝6時に家を出て受講。その後、仕事をして帰宅は夜11時半。気温35度の日が続いた中、気力も体力もよく続いたと思います。

別の会社にいたとき、試験当日と試験情報が得られる前日に休みを取るために、経営者に「地方の結婚式に出るので」と2日間の休暇をお願いしました。社長が「えっ、大森さん結婚するの?」。私「いえ、親戚の結婚式です」。社長は私が再婚すると勘違いしたのです。どちらにしてもうそでしたが、無事、受講できました。

知り合いの営業職の人は、出勤すると営業に出るふりをして新幹線に飛び乗り東京へ。受講した後すぐに新幹線で大阪に戻り、遅くまで営業活動。一週間、それを続けて無事受講終了。

ある看護師の人は、夜勤明けに新幹線で上京。講義終了までいると新幹線に乗れないので、先生の許可をいただいて早退。新幹線で盛岡と東京の日帰りを週1回、12週間。講義は休まず受けていました。その精神力には感心しました。

## ■英語でつまずかない

「英語の単位が取れたら卒業できる」といわれるくらい、英語で苦労する人が多いです。中には英語塾に通ったり家庭教師をつけたりする人もいました。

### ◆急がば回れ

慶友会で英語の先生の講演がありました。高校卒業以来30年間、英語と無関係だった私は、先生に英語の勉強の仕方を聞きました。回答は「もう無理ですね」の一言。ショックでした。

そのとき、先輩が、「NHKの基礎英語から学んだほうが、結果的には早い」とアドバイスをくださいました。それから、1年間「基礎英語」、次の1年間は「基礎英語」と「続基礎英語」を並行して聴きました。それから英語の学習がしやすくなりました。

### ◆主語と述語を見つけよう

夜間面接授業で、先生が英語の学習のコツを教えてくださいました。「どんなに長い文でも『主語と述語』がある。それを見つけましょう。あとは修飾語等なので（　　）に入れてしまえばわかりやすい」ということでした。

その方法で、より英語がわかるようになり、単位の修得がスムースにできました。

### ◆面接授業の選択

英語の面接授業は、夏期と夜間とでコース選択の仕方が違います。夜間で受講が可能であれば、そのほうが単位を修得しやすいです。

英語のコースは、時事英語のようにむずかしいものもあれば、基礎的な文法のコースもあります。

夏期では、どのコースになるかは学校サイドで決めます。したがって、むずかしい時事英語になってしまう場合があります。授業ではひとりずつ指されて解答しなければなりません。夏期は毎日ですから、予習が大変です。英語が得意な人ならよいのですが、不得意な私は、夜間で受講しました。

夜間は、一週間に一科目なので勉強時間が取れます。仕事を終えてから受講する人への配慮として、受講できない曜日を申請することもできます。コースと内容を比較検討して、むずかしいコースの曜日は、受講できない日として申請することにより、自分が望むコースを履修できました。

## ■教授の講義

教授についても、できるだけ事前に情報を集めましょう。

講義のプロである教授の講義は、ピーンと一本の筋が通っているので理解しやすいことがほとんどです。

教育学のＢ教授の試験は、「五つの指定されたキーワードを使って教育について述べよ」。五つのキーワードの中には、教育と関係ないものもあり四苦八苦。「キーワードをつなげて文章作成」、それはいまでも役に立っています。

近代日本文学のＣ教授の講義ではＡ３で80ページのレジュメを配布されました。先生の講義は早口で聞き取りにくいのです。その講義は半分あきらめました。ところが、講義の最終のころにはピーンと一本の筋が通っていることがわかりました。

法学のＤ教授は、はじめに「重要なことは繰り返して述べます」と前置きして講義開始。明晰な講義で、試験も繰り返し述べた部分が出ました。

## ■全身で聴く

講義の録音やパソコン入力は無駄です。講義の重要なところは20パーセントといわれています。あとはその説明である枝葉。講義を全身で聴けば、どこが重要かわかります。録音することやパソコン入力をしていると重要な点を聞き逃しますし、録音を聞き直すのには録音時間以上にかかります。時間の無駄です。

# 第4章

# 卒業率3パーセントをクリアできる卒業論文のコツ

## 1 机で勉強しない

勉強は机でするものと思っていると、卒業できません。まず、勉強時間を捻出しましょう。卒業論文はそれからです。

通学生なら勉強する時間が十分ありますから、毎日、決まった時間に机に向かって勉強に集中することができます。通信教育生は仕事と勉強の両立。家事もあります。定時での退社はむずかしい場合もあります。遅く帰宅してから机に向かっての勉強は困難です。多くの人は土日の休みに勉強をしますが、それだけでは追いつきません。いろいろな場所や方法で勉強します。

### ■料理しながら勉強

入学してはじめの数年間は、仕事から帰宅するのが8時、9時。家事が終わってから机に向かうと、もう夜中。仕事と家事で疲れ果てて勉強になりませんでした。あっという間に5年が経っていました。

これではいけないと、転居を機に机を調理台と並べました。教材を広げておいて、料理の待ち時間に読むのです。机がそばにあり、教材が置いてあるので、食後、ついついテレビを見て時間がすぎるということも防げます。スムースに勉強に移行できます。いつも視野に教材が入るので、勉強しようという意識がもてます。

## ■ホームライナーや特急で勉強

藤沢から都心に通勤している友人は、毎日、湘南ライナーで勉強していました。

朝だけでも、ホームライナーや特急を利用すれば、座席を確保して勉強ができます。通勤時間も一時間以上かかるのが普通の時代。会社に着くまでに通勤ラッシュでエネルギーを使うより有効です。その時間をゆったり座席に座って、朝のスッキリした頭で確実に勉強できるのです。

勉強時間が捻出できずに卒業所要年数がかかると学費がかさみます。しかし、ライナー券代や特急券代がかかりますが、通勤時間＝勉強時間で早く卒業することもできます。

## ■お昼休みの勉強

お昼休みはみんなでおしゃべり。楽しいでしょうがもったいない。

私は、デパートに勤めていたときは社員食堂の隅に席を取り、食後勉強をしました。ほかの会社のときは、お弁当をもって会社の自転車を借りて、近くの公園に行きました。勉強がはかどります。失業して職業訓練校に通学したときは、簿記や電卓の検定試験の勉強と大学の勉強を並行でしました。やはり、お昼休みはお弁当をもって公園に行きました。

## ■とにかく書く

英語の夜間面接授業を受講していたとき、大きい単語カードに、表は英文、裏は和訳文を書いて持ち歩き、電車の中はもちろん、信号待ちでも暗記。それでも覚えられないものは、紙に書き出して、キッチンの流し台やトイレに貼って覚えました。入浴のときも、紙とボールペンを持ち込んで、半身浴をしながらお風呂の蓋の上で英文を書く、書く、書く。とにかく書きまくりました。

初孫が誕生して、会いに行く飛行機の中でも書いていました。面接授業が終わるまでにボールペン一本使い切ってしまいました。

### ■居酒屋で勉強

英語のレポートが再提出で戻ってきたとき、再提出の理由がわかりませんでした。友人で英語が堪能の人に見てもらいました。理由は、英文を「きれいな日本語に訳してしまった」からでした。「もとの英語に戻せる」ように訳さないとダメということでした。つまり、直訳に近い形。

そのとき、英語を見てもらうのに、お互いに仕事をもっていたので昼間の時間が取れませんでした。ですから居酒屋で、教材を真ん中において食べながら飲みながらの勉強。結構楽しかったです。いまでは、よい思い出になりました。

その気になれば「いつでも、どこでも」勉強はできるのです。

## 2 図書館徹底利用法

子どものころから「三度の飯より本が好き」な私。本屋と図書館には入りびたり。お年玉はすべて『少年少女世界文学全集』に投入。中学生のときは、夏休みは毎日図書館。熱心に勉強、○○君と一緒に（実はそちらが目的）。本屋に嫁に行きたいと思ったくらいでした。

そんな私が、はじめて慶應義塾大学の図書館に入ったのは、通信教育課程の夏期面接授業受講のとき。憧れの大学の図書館。蔵書の多さに驚くとともに、うれしくてニコニコしながら書棚の周りを歩き回りました。

## ■卒業論文指導登録をする

図書館への入館には学生証が必要です。一般の通信教育生は館内での閲覧はできますが、図書の貸出は受けられません。しかし、夏期・夜間面接授業の受講生は貸出が受けられます。

また、卒業論文指導登録済の人は、図書館で利用手続きをすると、貸出や取寄せのサービスまで受けることができます。

図書館の利用手続きをした人は、My Library を利用すると、自分が借りている本の確認や更新手続きがウェブ上でできるほか、他キャンパスの所蔵図書取寄せを申し込むことができます。

図書館の資料について、コピーを自宅に取寄せることができます。また、大学にない図書をほかの大学から取寄せて、館内で閲覧することもできます。

このように、卒業論文指導登録済の人には、図書館利用についても多くの特典があります。せっせと単位を修得して卒業論文指導登録をしましょう（後述）。

## ■時間の無駄なく図書館を使う

あらかじめ家のパソコンで大学の図書館の蔵書検索をしましょう。資料を探す時間が短縮されます。

面接授業が終わったら、毎日、図書館に直行。資料集めとコピー。すぐに書こうと思っているレポートの資料は借りる。後で書くレポートや卒業論文の資料はコピー。

じっくり読んでいる時間はないので、「目次」と「あとがき」に目を通します。書いてある内容がわかります。そしてコレと思ったら「目次」と「あとがき」をコピー。「奥付」も。これをしておくと、あとで、違う箇所が必要となったときや本を購入するときに役立ちます。必要と思われる項目も選択してコピーします。読んでいる時間はないので、一項目を丸ごとコピー。一回のコピーが１００枚を超えたことが何度かありました。

コピーする際には、著作権に注意が必要です。著作権法によりコピーできる範囲には制限があります。たとえば、単行本は本文の半分まで。地図は個々の地図の半分まで。資料の種類によりコピーできる範囲が違います。

## ■コピーの苦労

著作権保護期間内である著作物の一部分を超えてコピーする場合は、書面により著作権者の許諾を受けなければなりません。一般書で、著作権者の了解を得るのは至難の業です。

私は図書館にある資料を、許可を得た上で全文コピーしました。

その資料とは、慶應義塾大学名誉教授の修士論文。先生の会の会員でしたが、ルールを踏まないといけません。学校の図書館を通して全文コピーの許可願いを申請しました。

図書館宛ての許可書に「大森君は、私の弟子です……」と先生の自筆があり感激。

その修士論文は2冊に分かれていて、合計500ページ。50年前の物、表紙はボロボロ、崩れそうでした。壊れ物に触るようにそっとページをめくりながら、数日間、図書館に通ってコピーしました。

よい卒業論文を書くにはよい資料に巡り合うことが大切です。それくらいの苦労は何でもありません。

どうしても卒業論文のために必要な冊子がありました。ところがその冊子、松本の図書館にしかなかったのです。全10冊。館内閲覧のみ。著作権法では半分しかコピーできません。

図書館の人に、卒業論文の資料であること、東京から来たことを話しました。私は半分コピー。友人が残り半分をコピー。所要時間1時間半。卒業論文を書くときは友人がコピーした分を借りました。

いまではよい思い出です。その資料は宝物になりました。

## 3 「顔を洗って出直してこい!」と言われないために

慶應義塾大学通信教育課程において、卒業論文は卒業要件の必修になっています。卒業論文指導は通学課程でいうゼミに当たります。

決められた単位数を修得すると、年2回卒業論文指導を受けることができます。指導の期間は、学部により違います。私が受けた文学部では、2年以上、指導を受けることとされています。

## ■卒業論文指導の先生を指名

卒業論文指導の1回目の申込時に、「卒業論文指導調査票」の指導教員欄に希望の先生名を記入することができます。ここは必ず書きましょう。希望した先生から指導を受けられないこともありますが、書かなければ、テーマに合わない先生になってしまうことがあります。

卒業論文指導を受けるにあたっては、テーマに合った先生を選ぶことが一番大切です。指導に当たる先生の専門分野を知りましょう。先生の指導方法については、慶友会などで情報を集めましょう。卒業論文指導で人気のある先生には希望が集中します。

私は文学部第3類（文学を主とするもの）。卒業論文のテーマは明治期の文学。専門分野が明治期の日本文学であるC教授の指導を受けたいと思いました。C教授は卒業論文指導で大変人気があります。面接授業の講義のはじめにC教授が「卒論の指導は受けられません」と。希望が多すぎるからでした。

その言葉があったので、指導教員欄に「C教授希望」と書くのをためらいました。書かなければ、ほかの先生になります。書けば、C教授になる可能性はあります。「C教授希望」と書きました。その結果、運よくC教授にご指導をいただけました。

## ■十分な準備をしておく

1回目の「卒業論文指導調査票」の提出に際しては、論文の対象、テーマ、論旨などを具体的に示すことが求められています。それが不十分だと、卒業論文指導を引き受けていただけません。

それを先輩から聞いた私は、「顔を洗って出直してこい!」と言われないために十分な準備をして臨みました。C教授の著作を読み、自分の卒業論文のテーマに関する資料を数冊読み、一覧表を作成しました。テーマに関する資料がどの図書館にあるかを示したものです。

刊行されている本は多くの図書館にありますが、刊行されていない論文や冊子などの資料は、松本市立図書館と早稲田大学図書館の蔵書でした。論文の対象者である木下尚江(後述)の出身が松本、卒業したのが東京専門学校(現早稲田大学)だからです。ちなみに、一覧表をつくったことで、後の資料集めがスムースにいきました。

C教授は、この一覧表を評価してくださり、卒業論文指導を引き受けていただけました。指導は3年、最低でも2年受けること。

文章作成上の決まりについて細かく書かれた指導書をいただきました。文学部の近代日本文学で、正しい文章で卒業論文を書けなければ失格ですから。

## ■フレー、フレー! ガンバレ、ガンバレ 通教生!

慶應義塾大学通信教育課程の卒業率は、年度により変動はありますが、毎年の在学者数と卒業者数から計算すると卒業率は3パーセントくらいです。入学して1年で半数くらいの人がやめてしまうといわれています。最終的に学位記を手にする人は3パーセントくらいです。

なぜでしょう。それは卒業をあきらめてしまうからです。逆にいえば、あきらめなければ卒業できるのです。私は60歳になってしまいましたが、あきらめなかったから卒業できました。

せっかく卒業論文指導のところまできたのです。あきらめなければ、あなたも卒業率3パーセントをクリアできます。

# 4 卒業論文のテーマに恋をしよう

## ■類の変更

慶應義塾大学の通信教育課程では、文学部・経済学部・法学部の3学部が置かれています。そのうち、文学部は哲学を主とする第Ⅰ類、史学を主とする第Ⅱ類、文学を主とする第Ⅲ類の三つに分かれています。法学部は法律学を主とする甲類と政治学を主とする乙類に分かれています。

勉強が進行していくうちに自分に合わないと気付く場合があります。私は、心理学を専攻したくて文学部第Ⅰ類（哲学）を選びましたが、第Ⅲ類（文学）に変更をしました。そのときはもう、論文指導を受けられるだけの単位を修得していました。類が違えば、修得する科目も違います。足りない文学の単位を急いで取りました。そのために卒業までの年数も余分にかかりました。出願に際しては熟慮をし、合わない場合には早めに類変更をしましょう。

## ■卒業論文のテーマの変更

卒業論文には、書きやすいテーマと書きにくいテーマがあります。書きにくい場合は、思い切ってテーマを変更しましょう。私は1回変えました。数回変えた人もいます。しかし、変えるということは、はじめからやり直すことなので、時間を取られます。何度も変更するのは好ましくありません。

## ■全身でテーマへの熱意を訴える

私が類を哲学から文学に変更したきっかけは、慶友会でのE教授の講義の中の、木下尚江でした。そのとき、「尚江」という名から、作者は女性だと思っていました。講義を聴いて「女性でありながら、日露戦争の最中に新聞小説に託して非戦論を書くとは、明治の女性って気骨があってすごい」と感動。木下尚江は男性だと知ったのは後日でした。

私は、木下尚江に恋をしました。卒業論文は木下尚江『火の柱』に決めました。

卒業論文指導の1回目の面接で、C教授に「木下尚江とはキリスト教社会主義者で……」と説明を始めたとたんに「それなら政治学部に急いで変更しなさい」と言われてしまいました。

『火の柱』はベストセラーになりました。しかし、木下尚江は小説家ではありません。小説に仮託して、自分の思想を述べた人なのです。ですから、そう言われるのは覚悟していました。

「顔を洗って出直してこい！」は絶対避けたい。どうしてもC教授に指導していただきたい。木下尚江は小説家ではないが、『火の柱』がベストセラーになったことをはじめとして、熱心に述べました。まるでC教授を口説き落とすかのように。

作成した一覧表を見せたときに「引き受けましょう」と言ってくださいました。

## ■「そんなに好きですか」と言われよう

はじめに「作家論はむずかしいからやめましょうね」とC教授に言われていました。3回目の指導で、「小説の人物の関係を論じるのが通常ですが、大森さんはそれはやりませんか？」と聞かれて、迷わず「はい、やりません」。つまり、「作家論を書きます」と意思表示をしました。C教授は「そんなに木下尚江が好きですか？」。私は「はい、大好きです」。私のあまりの惚れ込みように笑っていらっしゃいました。
「好きこそ、ものの上手なれ」という諺があります。「好き」という気持ちや情熱があれば、努力をし、やる気も出て、卒業論文が書けます。
「そんなに好きですか」と先生に言われるくらいテーマに恋をする。卒業率3パーセントをクリアできる卒業論文のコツです。

## 5 現地取材は宝の山

現地取材をすることは宝の山を掘り当てることであり、別の宝につながることでもあります。ここでは具体例として、私の場合を述べます。

卒業論文は「木下尚江『良人《りょうじん》の自白』論―思想的転換点としての位置付け」。

刑事ドラマでよく出てくる「現場に立て」という言葉。卒業論文を書く場合でも同じです。現場に立つと多くのことがわかります。

評伝をまっ先に読むと、研究対象の人物に関することがわかります。木下尚江に関する現場は、生まれ故郷の松本、早稲田大学、社会主義運動で活躍した東京。必ず訪ねるべきは故郷。

松本市立図書館や尚江の所縁の場所を回りました。木下尚江記念館に移築された生家。木下尚江の性格に影響を与えた生家の隣の墓地。祖母が植えた二本の杏の樹。子どものころ、祖母に連れられてよく演説を聞きに行ったお寺。100年以上経ちながら残っていたこれらから、木下尚江の思想形成のもととなった環境を知ることができました。

松本市立図書館にしかない『木下尚江研究　1〜10号』（木下尚江研究会）。創刊号の編集後記に「慶大・E氏から本会に○○の恵投を受け……」の記述があり、木下尚江『火の柱』のことを知ったのはE教授の講義だったので感慨深い思いをしました。

## ■墓誌からの読み取り

木下尚江のお墓参りがしたくて仕方がない。墓地は東京の立山墓地ということが『木下尚江研究』からわかりました。

木下尚江はキリスト教徒だったので墓石は台形。家名の彫りはなし。墓石には、後から入れた家紋がありました。驚いたことにその家紋は私の家と同じ。そういう縁でお墓参りに来たかったのだと思いました。

書いてきた手紙（木下尚江宛て）を墓前に供え、お参りをしました。どうしても手紙を書きたかったのです。手紙は、『火の柱』に感銘を受けたことと卒業論文のテーマにさせていただきますという内容でした。

この手紙が後に奇跡を起こします。

墓誌を見ました。墓誌から、もうお孫さんの代になっていることが推察できました。「お孫さんに会うのは無理、せめて木下尚江を知っている人に会いたい」、思わずそうつぶやきました。

## ■論文の対象の子孫をたどる

墓参から8カ月後、木下尚江の墓前でつぶやいたことが実現したのです。

友人と食事をする約束をしました。その人が、「大学からの親友2人との食事が終わらないので合流してほしい」というので了解しました。

そのうちのひとりが、木下尚江と親交のあった新宿中村屋の創業者である相馬愛蔵、黒《こっ》光《こう》夫妻の孫のFさんでした。私は飛び上がらんばかりに驚き、喜びました。

まったくの偶然でした。

「木下尚江が会わせてくれた」と思いました。木下尚江のことを知っている人に会えたことは望外の喜び。興奮のあまり一晩中眠れませんでした。

Fさんは、新宿中村屋社史で木下尚江のことが記載されている部分をコピーして送ってくださいました。それには「木下尚江の孫と石川半山（安次郎）の孫とは、現在も交流があるので紹介します」との手紙も添えられていました。社史に記載されていたことは、ほかの書には書かれていないこともあり、貴重な資料となりました。

その後、とうとうFさんのおかげで、木下尚江の孫の木下氏と新宿中村屋で会うことができました。

Fさんが木下氏に「大森さんは卒業論文で木下尚江のことを……」と言ったとたんに、木下氏が「お墓の手紙の人ですね。住所が書かれていなくてお礼が言えずに……」。私は大変驚きました。「はい」と言って深く頭を下げました。感動の涙があふれそうでした。

後日、木下夫人にお会いしたときは「卒業論文の方ですね」と言われました。

墓前に供えた手紙は、私の三日後にお墓参りをした木下氏が墓前からもち帰って、お仏壇に供えてくださったそうです。

木下氏からは、資料に載っていない貴重なお話を聞くことができました。

あの世の人に宛てた手紙が現世の孫に届いた。強く望めば、このような奇跡も起きるのです。

## 6 公表は卒業への近道

通信教育課程に学ぶ人の多くは、ひっそりと隠れるように勉強する人が多いです。何となく引け目を感じて、自学自習の孤独な勉強。私もはじめのうちはそうでした。

その原因の一つは、世間の「通信教育課程はレベルが低い」という誤解のせいです。前述の通り、実際のレベルは同じ。

引け目を感じることはありません。通信教育課程で勉強していることを公表しましょう。

公表する↓みんなが応援してくれる↓挫折ができない↓卒業できる

## ■突然の公表

私は自分から公表したのではなく、ひょんなことから公表されてしまいました。職場の朝礼で社長が、「慶應大学の勉強をしている」とみんなの前で褒めたのです。大卒は社長だけの小さな企業。男性から反発されました。「女のくせに……」と。その言葉への反発もあり、やる気になって、昼休みは公園に行って勉強しました。

もう一回は、卒業論文指導が受けられると決まったときでした。E教授が、私が卒論に入ることをみんなの前で発表。「困った、挫折できない」と思いました。

結果的には公表されてよかったのです。大勢の前で公表されたので卒業せざるを得なくなり、頑張ることができました。

## ■みんなの応援

公表されたことにより、多くの人たちから協力を得ました。

国会図書館にある関連資料の請求記号を一覧にし、閲覧するときの手続き方法を詳しく書き送ってくれた人がいました。

松本の尚江に関する場所を調べて案内してくれた人は、地元の新聞記事の尚江に関する特集記事も送り続けてくれました。

尚江が『信濃日報』（現在の『信濃毎日新聞』）の主筆を務めていた関係もあり、『信濃毎日新聞』には尚江に関する記事が載ることがあります。それを送ってくれる人もいました。

卒業論文に入ったころに、母の介護が必要になりました。私は3人姉妹の長女。母は妹と同居していました。妹たちが、私が卒業論文に入ったことを知ると「ここまで頑張ったのだから、とにかく卒業しなさい」と介護のほうは引き受けてくれました。妹たちが引き受けてくれなければ、卒業できなかったと思います。

前述のとおり、面談授業のときに便宜を図ってくれた経営者もいました。

多くの人が協力、励ましてくれました。有難かったです。挫折しないで卒業というゴールに達することができました。

公表は卒業への近道！

# 7 学校に残してもらえる卒業論文を書く

卒業論文に入った人のうち卒業するのは10パーセント。卒業論文に入れば、全員卒業できると思っていた私は、それを聞いて驚きました。転勤、親の介護、書けなくて途中放棄ほか、いろいろ理由はあるようです。

## ■卒業論文指導

卒業論文を指導する先生との相性はとても大切です。相性とは「合わせること」でもあります。先生の指導に素直に従えば、スムースに進行し、卒業間違いなしです。

卒業論文指導は半年に一回。指導申込書に半年間の研究内容を書いて提出します。仕事をもっていると半年はあっという間です。忙しくて卒業論文のほうは進行せず、指導を一回パスしようかと思いましたが、パスすると次は半年後。間が1年空きます。

考えた末、尚江の出生地の松本で資料集めをしたこと、現地の人が協力をしてくれたことを指導申込書に書きました。苦肉の策。論文指導を受けるときはハラハラ、ドキドキ。

C教授が現地での資料集めを大変評価してくださり、ホッとしました。

どういう状況でも、指導は毎回受けましょう。アドバイスが頂けるのですから。

## ■良い論文をたくさん読む

「良い論文をたくさん読みなさい」との指導でしたが、論文は一般図書館にはありません。どういうところにあるかは指導の先生に聞きましょう。

多くの論文を読んで、研究したいことは何か、しっかり把握・理解してから自分の卒業論文を書きましょう。それができていないと何を書いているのかわからなくなり、論旨が通らない卒業論文となってしまいます。

## ■学校に残してもらえる論文を

「どんどん書いて提出していいですよ」と言われましたが、仕事と勉強。はかどりません。指導4回目で「提出しますか、じっくりやりますか」と聞かれました。

木下尚江のお孫さんの応援もありますから、「恥じないものを書きたい。学校に残してもらえる卒業論文を書こう」と思いました。思い切って卒業を一年延ばしました。

後に、「大森さんの卒業論文は学校に（C教授の元に）残しましょう」との言葉をいただいたときは、天にも昇る心地でした。

## ■ひと晩で書き直し

いよいよ提出というときになぜか「あっ、違う」と思いました。

パソコンに向かったら、手が自然と動き文が入力されていきます。誰かに書かされているような不思議な感じでした。「まとめ」の部分をひと晩で書き直しました。C教授から、「まとめ」がたいそうよかったとの言葉をいただきました。

## ■卒業試験

論文を提出すると、最後に、卒業論文審査と総合面接試問により卒業試験が行われます。

総合面接試問は先輩たちによれば論文内容について聞かれるとのことでしたが、私の場合は違っていました。

総合面接試問は指導教授と別の文学部の先生との二人により行われました。卒業論文は「木下尚江『良人の自白』論」。「良人」は「りょうじん」、良い人という意味で、木下尚江の思想について論じています。ところがその先生は「おっと」と読んだようで、「同じように、妻が夫の浮気に嫉妬したという江戸時代の本を挙げなさい」という試問でした。先生は論文に目を通していない。読み違いをしていると思ったとたんに、私の頭の中のものが全部飛んでしまいましたが、総合面接試問も受かり、卒業が決まりました。

## コラム5

# 慶應義塾大学を卒業して

（2006年慶應義塾大学卒業　Gさん）

私が通信課程の大学で学びたいと思った動機は、第1にコンプレックス、第2は、自分が興味をもって調べていたことを大学で体系的に学んでみたかったという2点だ。通信課程に入学する人は、大卒の資格を得たい人、興味あることの勉強を究め、できたら卒業したいという人に大別できると思う。私は当初、後者だった。「だって、卒業率3～5パーセントなんだから、卒業は無理だわ」と自分に言い訳をしていた（入学当時、卒業率3～5パーセントといわれていた）。

しかし、友人に「その3～5パーセントの中に入ればいいんじゃないの」と言われ、はっとなった。発想の転換だ。「私は絶対に卒業する！」という気持ちに変わり、自ずと心構えや学習方法が変わっていった。大学での勉強は、ほかの人の趣味に当たると考え、勉強と仕事、家事、子どものこと以外は一切排除した。コツコツと単位を修得し8年を要して卒業することができた。

卒業後は正社員として職を得ようと思っていたが、年齢が50歳になっていたこともあり、それまでの派遣で仕事を続けることになった。大きく変わったのは心のもちようだ。通学の四大卒の人に対してコンプレックスはない。厳しい試練を乗り越えて卒業したというプライドがあるから。レポートや卒業論文を書くことによって、物事を客観的に、論理的に考えられるようにもなったと思う。何より視野が広がったことは大きな収穫だ。

# 第5章

# 長年の夢が実現

# 1 諦めなければ夢は叶う

## ■きっかけは80歳で大学を卒業した人

中学、高校と大病で学校を長期欠席しました。欠席により勉強は大きく遅れ、成績はガタ落ちしました。私の通っていた高校の進学率は90パーセント。成績低下による劣等感に悩まされました。この劣等感は、大人になってももち続けました。

当時、私が学びたい心理学は四年制でなくては学べませんでした。親は、経済的な事情もあり、学歴をつけたいなら短大でいいと四年制大学進学に反対しました。私は大学進学をあきらめました。決断したのは高校三年の夏休み。先生は驚きました。

大学で学びたいという思いは消えませんでしたが、40歳をすぎたときには、もう遅いと諦めました。

その後、新聞に80歳で大学を卒業したアメリカ人の女性が写真入りで載りました。角帽とガウン姿での卒業式。素敵でした。その人から見たら私はまだ若い。いまからでも遅くはない。私も角帽とガウン姿で大学を卒業したい。

勇気を出して48歳で慶應義塾大学通信教育課程に入学しました。離婚して女手一つで子どもを育てながらの勉強のはじまりでした。

## ■「私にはできない」から「私にはできる」

卒業論文指導の登録まで長い道のりでした。

仕事をしながらの勉強は遅々として進まず、「私にはできない」と思ってやめることばかり考えていました。瞬く間に5年が経ちました。

そのときに放送英語の科目を取っていました。放送英語は一年間、ラジオで授業が行われます。放送英語が落ちたら教材を捨ててやめようと決心し、すべての教材を衣装箱に入れて押入れにしまいました。

ところが放送英語が受かり、ほかの英語の科目試験も合格してしまったのです。英語がネックの通信教育課程。その英語の単位がすんなり取れてしまい、やめるのが惜しくなりました。

勉強再開。「私にはできない」から「私にもできるかも」に変わりました。遅まきながら卒業を目標にしました。

それまでは、「私には卒業は無理だから勉強を楽しんでいればよい」という考え方でしたが、「私にはできる」と考え方を変えました。

## ■何度も転職

卒業論文指導の登録をした人を対象に予備指導が行われます。

そのときに先生が「みなさん、ここまでくる間に何回仕事が変わったでしょう」と言いました。私は、思わず机の下で指を折りました。

大学の通信教育課程で学ぶことに対して、理解し協力をしてくれる企業・経営者が多いですが、理解してくれない経営者もいます。勉強を続けるために転職する人もいるのです。

## ■卒業式

慶應義塾大学卒業ですから、卒業式は通学課程も通信教育課程も一緒です。

学位記は通学課程と同様のものが授与されます。「学士」の学位が付与されます。

ついに卒業しました。「私にはできた」、感動で胸がいっぱい。その瞬間に「高校のとき、病気で勉強が遅れた」という劣等感から解放されました。

途中で放棄することなく継続してやり遂げたことは、「やればできる」という自信となりました。

「継続は力なり」とはこういうことかと実感。

## ■角帽で記念撮影

卒業式の日には、記念写真を撮るために写真屋さんが校内に出張してきています。慶應義塾大学は角帽ではありませんが、希望者には写真屋さんが角帽とガウンを貸してくれます。これが大人気で長蛇の列。もちろん私も並びました。待つこと1時間半。あこがれの角帽とガウン姿で卒業記念写真。

「大学を卒業する」だけでなく「角帽とガウン姿」という夢が実現した瞬間でした。

## ■C教授からの言葉

写真屋さんで長時間並んでいたために、学部の卒業祝賀会に駆け付けたときは、祝賀会はほとんど終わりでした。でも、念願の写真を撮ったので悔いはありませんでした。

C教授が私を探していらっしゃいました。

C教授は、私が仕事をしながら勉強していたことを、このときはじめて知りました。

「大変でしたね。頑張りましたね」と声をかけてくださいました。

「私、頑張ったのだ」と感無量になりました。

諦めなければ夢は叶います。あなたも。

## コラム6 イチロー選手は天才ではない

あなたは何かをする前から「できない」と言っていませんか。やってみて、努力すればできるようになるかもしれません。

野球のイチロー選手は天才ではありません。「努力の人」です。

イチロー選手は、小さいころから、夢が「プロ野球選手」でした。3歳のころから練習をはじめ、小学校3年生からはほとんど毎日練習をしていました。

中学卒業まで、毎日バッティングセンターに通い続け、朝7時から練習をしました。

高校時代は、自由時間も素振りやランニングに費やしたそうです。

そしてプロ野球選手になった後も、さらに努力しました。イチロー選手は「決めたことは必ず守る」という強い意志をもち、自分がクリアできるところに目標を設定しました。

目標をクリアするたびに達成感を味わうことで、さらにプラスに物事が考えられるようになっていくそうです。

「1パーセントの才能と99パーセントの努力」ですね。

## 2 卒業祝いと還暦祝いをしてくれた子どもたち

卒業論文指導を受ける一方、学習が進み、卒業の見通しがつくと、「卒業予定申告」の手続きをします。卒業予定申告は卒業の約1年前、3月卒業予定者は前年の5月、9月卒業予定者は前年の11月に申告をします。

この卒業予定申告が許可になると、卒業予定者としてさらに学習を進め、定められた基準を満たした後、卒業論文を提出します。3月卒業予定者は前年の11月、9月卒業予定者は6月提出です。3月卒業予定の私は11月に卒業論文を提出しました。

## ■長男とはじめて居酒屋へ

卒業論文を提出した2日後が60歳の誕生日でした。

長男に、卒業論文を提出したこと、卒業試験に受かれば3月卒業ということを伝えました。

レポート提出締切り前や科目試験前は、食事はお弁当や買ってきたお惣菜ですませていました。子どもたちには、多くの負担をかけ不自由をさせました。長年にわたる子どもたちの協力のおかげで卒業できるのです。

「長い間迷惑かけてごめんなさい。協力してくれてありがとう」と心から言いました。

お礼をしたいので長男を居酒屋に誘いました。照れくさいのでしょう。嫌だと言います。

「どうしてもお礼がしたい。だからお願い」と頼み、息子が行きつけている近所の居酒屋に入りました。息子と居酒屋ははじめてでした。

「還暦おめでとう。卒業おめでとう。よく頑張ったね」と息子の言葉で乾杯。

いろいろなことを話しました。いままで、仕事と勉強に追われ、息子と話をすることもありませんでした。

当時、大学の勉強はストレス解消になっていましたが、会社でパワハラに遭《あ》い、体調を崩していた私は、仕事を辞めたいと思っていました。

「40年働いてきたので、もう仕事辞めてもいいかしら」という私に、「いいんじゃない。もう、自分の好きなことをしなよ」と息子。

涙があふれそうになりました。

お勘定になって、私が払おうとするのを割り勘にして「端数もってね。ご馳走様」と言った息子は、もう33歳。

思えば、シングルマザーで仕事をもって、子どもたちに手をかけてあげられませんでした。

勉強ができなくてもいい、健康でまっすぐ育ってくれたら、それでいい。

りっぱに育ってくれました。

## ■卒業式翌日、孫に会いに

入学して勉強をはじめたころ、次男が私を馬鹿にしました。私は、烈火のごとく怒りました。

「人が勉強しているのに馬鹿にするとは何事。君たちが勉強しなかったから、お母さんが代わりに勉強しているのよ」と言いました。

その次男は、結婚して秋田に住みました。結婚してから、人の気持ちがわかるようになりました。

電話で3月卒業が決まったと伝えると、「すごい、頑張ったね」と言ってくれました。

卒業式は3月23日。その前に会社を辞めました。卒業式に出してもらえそうもないからです。

卒業式翌日の夜、寝台特急「あけぼの」で秋田に旅立ちました。卒業旅行です。

私が勉強している間に、次男が結婚、初孫が生まれ、二人目の孫も生まれました。その孫たちはもう、小学3年生と幼稚園生になっていました。

次男は、私を不老不死温泉に連れて行ってくれました。

南八甲田の秘湯、青荷温泉にはひとりで行きましたが、近くまで送ってくれました。

不老不死温泉も青荷温泉も、20歳のころから行きたかったのですが、交通が不便なところで行けませんでした。40年経って、次男が私の夢を叶えてくれました。

青荷温泉の宿のノートに、60歳で大学を卒業し、その記念で旅行に来たことを書き残しました。

次男とお嫁さんのおかげで、思い出深い、よい卒業旅行ができました。

## 3 母の喜び、恩師の喜び

卒業論文は、学校に提出したほかに余分につくりました。

2度と書くことがない卒業論文。今後、ほかに物を書くことはないであろうと思い、先々の遺書代わりのつもりで子どもたちと姉妹へ。そのほか、卒業論文でお世話になった方々に記念としてお届けしました。

### ■母の喜び

母とは別居をしていました。それを幸いに、大学の勉強をしていることは言っていませんでした。母に話せば、「離婚して女手一つで子どもを育てているのだから、そんなお金があったら生活費に」と猛反対されるのはわかっていたからです。

私が卒業したとき、母は認知症で、医師の勧めで進行を遅らせるために専門の施設に入っていました。まだ、症状は軽かったので、普通の状態のときが多かったです。

母を訪ねました。

学位記を渡すと母は「あなたは、よく勉強していたからねえ」と大喜び。

小学生のときは母がついての勉強、その日習った漢字を10個ずつ書かないと遊びに出してもらえませんでした。中学生からは、母の手前、机にはよく向かっていましたが、勉強をしているふりをして本を読んでいました。机の上には、母にバレないように書きかけのノートを広げておきました。母がようすを見に来たときは素早く本を隠しました。

母は、学位記をもってみんなのところに、「娘が慶應大学を卒業しました」と、とてもうれしそうに言って歩いていきました。少し、恥ずかしかったです。

卒業は、私が母にできた、たった一つの親孝行だったのかもしれません。

## ■恩師の喜び

中学校の恩師のI先生に卒業論文を添えて、卒業の報告をしました。

勉強していることは伝えていませんでしたので、先生はたいそう驚き、喜びの手紙をくださいました。

その手紙には、「20歳台の人なら大学卒業することは当たり前のこと。ところがそうではない。48歳からはじめたこと自体が驚きであるが、卒業までしたとはすごいことだ」と書いてあり、自分のことのように喜んでくださいました。

高校の恩師のJ先生もたいそう喜んでくださいました。私が病気で長期欠席をしたことに触れて、よくここまで頑張ったと言ってくださいました。

先生のお話では、当時は、3日間、学校を欠席したら勉強には追い付けなかったそうです。

それを聞いて、それほど大変だった高校を長期欠席したのにもかかわらず卒業できたのだから、劣等感を感じることはなかったと心が解放されました。

慶應義塾大学のE教授が主催するサークル活動に入っていました。会が発行する冊子には度々、投稿していましたし、先生と手紙のやり取りもありました。

E教授には卒業論文に手紙を添えて、ご報告しました。

手紙には「……もっと論じなくてはいけないのですが、それをすると永遠に卒業論文が終わりそうもないので、『えいやっ！』と目をつぶって提出しました」と書きました。

E教授は卒業論文を読んでくださり、「『……卒論は力で捻じ伏せた』という気迫がこもっていました。やはり、好きなテーマを選んでよかった。卒業、おめでとう」の言葉をいただきました。

卒業論文は、「好きなテーマを選ぶこと」が一番大事です。そして、レポートでもそうですが、「えいやっ！」と提出する勇気も必要です。

「好きなテーマ」を探し出せれば、あなたも卒業できます。

## 4 サプライズの卒業祝い

大学の勉強をした理由は三つ

- 大学進学を諦めたが、やはり大学の勉強をしたい
- 心理学を学び、カウンセラーになりたい
- 成長した子どもたちに干渉しすぎないように、自分のやることをもつ

いつも睡魔と闘い、すぐに負けていた私。

卒業論文提出の間際は睡眠3時間で出勤し、栄養ドリンクとカフェイン濃厚ドリンクで凌いだこともありました。

卒業したことで、青春の穴埋めができました。何よりも、「諦めない」という強い心が育ちました。

## ■サプライズの卒業祝い

卒業論文の資料集めに協力してくれた長野県の人たち。木下尚江のお孫さんにつながるきっかけとなった人。ほとんどがE教授主催の会の人たちでした。

会員は、学校の先生、塾生、塾員、会社員、農業、漁業、老若男女、あらゆる人たちがいます。会の人とは、通常は冊子を通して交流します。会うのは会の大会のときや講演会のときなどです。

3月に慶應義塾大学を卒業し、4月の会の大会に出席したときのことです。

長野県松本での卒業論文の資料集めに協力してくれた人にも再会。

受付係の私のところにまっすぐ来た木曽のご夫婦。ご主人が「おめえどうした。卒業したんかい。卒業したなら木曽に来いや。5月の連休に待ってるでな。きっと来いや」と。

うれしくて目頭が熱くなりました。

木曽では、ご家族みなさんから温かい歓待を受けました。木曽の旅行は素晴らしい卒業祝いのプレゼントでした。

E教授の講演後、慶應義塾大学元応援団長により、会員2人にエールが贈られました。すぐそばで見た、応援団長のエールを贈る姿は迫力満点。

3人目の人にエールを贈る番になりました。「今年3月に慶應義塾大学を卒業した人にエールを贈ります」との言葉に、「通学生で卒業した人がいるのだわ」と私は思いました。続く「フレー、フレー、し・ず・よ」に「えっ？？？」。わが耳を疑い、呆然と立ち尽くしてしまいました。次の瞬間、感激の涙が止まりませんでした。大会参加者150名の前でのエール。

E教授からの卒業祝いのプレゼントでした。

このサプライズは、実行委員に固く口止めをしたそうです。

その大会では、私は実行委員のひとり。よく私が気付かないように準備をしたものだと感心しました。計画を知っていた実行委員の人たちは、慎重にことを進めたそうです。

直接、応援団長からエールを贈られる。ありえないことでした。

この思い出は宝物となりました。

## ■木下尚江のお孫さんも

木下尚江のお孫さん、相馬夫妻の孫のＦさん、そのお二人につないでくださった友人。その方たちに卒業報告をしました。場所は新宿中村屋。

木下氏は「祖父のことを卒業論文で取り上げていただき、たいへんうれしい」と。記念写真では、お渡しした卒業論文をカメラのほうに向けて手にもってくださいました。

卒業論文の1ページ目には、木下尚江に関係のある地を松本に訪ねたときの写真と、木下氏とはじめてお会いして中村屋で会食したときの写真が収められています。

木下氏、Ｆさんとの出会い。友人たちの応援。

そのことに対して、卒業論文指導に当たったＣ教授から「一つの卒業論文で、こんなに多くの人とのつながりがあるとは。感動しました」とのお言葉をいただきました。

卒業への道は、険しく大変ですが、その経験は一生の宝物となります。

お金では買えない財産です。

あなたも手にすることができます。諦めなければ。

# 第6章

# ほかにも学び方がある

## 1 ほかの大学の通信教育

平成13年3月から、文部科学省により、それまでは一部しか認められていなかったインターネットによるメディア授業が全面的に認められました。メディア授業とは、教員による講義を収録した動画を視聴して学ぶ学習スタイルです。

通信教育課程で学ぶ学生にとって、面談授業は休暇の確保のむずかしさ、受講費・宿泊費などの負担が大きく、卒業を断念する要因でもありました。インターネットによるメディア授業は、継続率と卒業率のUPにつながりました。

社会人が学びやすく卒業できるように、各大学の通信教育課程ではさまざまな工夫がなされています。

偏差値やブランドに惑わされず、各大学の特徴から自分の学習動機に合った、自分と相性のよい大学を選びましょう。

卒業所要年数がかかると費用もかかります。早く卒業したい人は卒業率で選ぶという方法もあります。

公表されている卒業率は、大学によって何年間かの平均だったり、過去の卒業率だったりしますから、参考程度にしてください。卒業率の高い大学はたいてい、インターネットによるメディア授業を面談授業にも取り入れています。つまり、「勉強しやすい」「卒業しやすい」ということです。

いくつかの通信制大学を挙げますが、内容が変わることもあります。各々で確認してください。

## ■サイバー大学

ソフトバンクグループが設立した通信制大学です。

通学の必要が一切なく、演習科目での実習や期末試験、すべての授業をインターネットを通じて行います。

パソコンとブロードバンド環境さえあれば24時間、国内外を問わず、何度でも繰り返し授業が受けられます。

パソコンはもちろん、専用のモバイルアプリを使ってスマホやタブレット端末でも受講できるので、移動時間やすきま時間で学べます。

授業料は年額固定制ではなく単位制です。自分の都合に合わせて授業計画・支払い額を調整できます。卒業率78・4パーセント（2015年資料サイバー大学より）。

## ■人間総合科学大学

面談授業は基本的にインターネットで受講できますから、休暇の獲得での苦労や、交通費や宿泊費をかけなくてすみます。

学生一人ひとりに担任教員が付き、4年生になると総合演習（レポート等）もマンツーマンで学習指導を受けられます。質問や相談はインターネットで受け付けているので、時間を気にする必要がありません。しっかりしたサポート体制により卒業率が高いです。卒業率70パーセント（2015年資料人間総合科学大学より）。

## ■東京未来大学

キャンパスアドバイザー（CA）制度により、一人ひとりの履修状況や目指す資格・教員免許を把握した上で学習面のアドバイスをしてくれるので、学ぶモチベーションを維持できます。

科目修了試験もレポートもすべてインターネット。

面談授業は週末（土日）・祝日・夏期休暇を利用した日程を年8回開講。一部科目はメディア授業として開講され、自宅のパソコンで受講できます。卒業率57・9パーセント（2015年資料東京未来大学より）。

## ■早稲田大学人間科学部eスクール

eスクールとは、インターネットをフルに活用し、面談授業を除くほとんどの課程をeラーニングで行う日本初の通信教育課程です。

科目の履修方法によっては一度も面談授業を行うことなく、卒業することができます。また、通学制と同様の質の高い授業を受けられます。

通信制大学にしては珍しく選考に面接があります。一次選考は書類審査、二次選考は面接試験。

入学者を厳選していること、教育コーチが面倒を見てくれるなど、学びやすいシステムがしっかりできていることで、高い卒業率となっています。卒業率約60パーセント（2015年資料早稲田大学人間科学部eスクールより）。

## ■日本福祉大学通信教育部

社会福祉士国家試験の合格者数が全国1位。

科目修得試験もインターネットなので通学不要。

インターネット上でパソコンを使って、24時間好きな時間に授業を受講。

在宅でも面談授業単位が取得できるオンデマンド科目が充実しています。

面談授業会場での学習相談会、パソコン初心者のためのサポートだけでなく、資格取得・就職支援まで、サポート体制がしっかりしています。卒業率52・1パーセント（2015年資料日本福祉大学通信教育部より）。

# 2 放送大学ほか

ここでは、学びやすく、ユニークな制度を設けている産業能率大学と放送大学を取り上げます。

## ■産業能率大学

高い卒業率はさまざまな形態の学習方法による「学びやすさ」にあります。卒業率65・1パーセント（「2015入学案内」産業能率大学通信教育課程より）。

### ◆多様な面談授業形態

仕事や家庭をもちながら通信教育で学ぶ人たちにとっての難題は面談授業です。産業能率大学では社会人が出席しやすいように、週末3日間集中型を中心に多様な面談授業の形態を取っています。

学びたい科目に関して、自分の仕事の都合などに合わせて日程を選べるのも特徴です。

2015年度は、全国18都市で年間約360コマの面談授業を開講しています。

面談授業の受講がむずかしい場合は、ほぼ同じ講義をインターネットで受講できる放送授業（iNet授業）により、単位の履修も可能です。

特定のテーマについてネット上で意見を交換しながら学習を進めるメディア授業（iNetゼミ）も開講しています。

通信教育で学ぶ人にとって、必須である卒業論文は大きな負担ですが、産業能率大学では卒業研究（卒業論文）は必須ではありません。それも卒業しやすい点でしょう。

**◆入学前に取得した資格を単位として認定**

大学・短大・専門学校を卒業した人は、3年次に編入できます。その場合、卒業必須単位の半分を一括認定してくれます。

また、入学前に取得した資格を単位として認定してくれます。対象となる資格は、簿記検定、TOEIC、実用英語技能検定、ITパスポート試験など16種類。

**◆シニア奨学金制度**

ほかの通信制大学にない制度です。言葉を換えれば、シルバー割引。

近年、定年退職をしたシニアの人たちの生涯学習として注目されている通信制大学ですが、産業能率大学では、その人たちが学びやすいように、シニア奨学金制度を設けています。

入学時（前期4月入学生は4月1日、後期10月入学生は10月1日現在）の年齢が満60歳以上で、正科生として入学する人には、シニア奨学金が給付されます。

奨学金の給付は入学年度のみで、年間9万円が給付されます（「２０１５年度学生募集要項」産業能率大学通信教育課程より）。

## ■放送大学

放送大学は、文部科学省認可の正規の大学です。

全科履修生として4年以上在学し、所定の単位を修得すると、学士の学位を取得できます。在学期間は最長10年。

放送大学の単位は、教員、図書館司書、看護師、認定心理士、臨床心理士、学芸員、社会福祉主事など、さまざまな資格取得に活用することができます。

学位に関係なく必要な科目だけを学ぶ方法もあります。

興味のある分野から好きな科目だけ選んで学べます。半年間在学できる「科目履修生」と、1年間在学できる「選科履修生」があります。キャリアアップや生涯学習、資格取得など、目的に応じた学び方ができます。

現在、全国で8万人を超える在籍者がいます。30歳台、40歳台を中心に、定年退職を迎えたシニアも数多く入学しています。さまざまな年代・職業の人たちが、一緒に学んでいます。

出願はインターネットでもでき、入学試験はありません。

放送大学では、テレビやラジオを通じて授業を受けます。録画や録音をすれば、好きな時間に自宅で学習できます。

インターネットで視聴することもできます。

約90パーセントの科目をインターネットで配信していますから、パソコンとインターネット環境があれば、いつでもどこでも自分のペースで学習できます。

テレビ・ラジオ・インターネット、多様な学び方ができるのが放送大学の利点です。

すべての都道府県に設置している学習センターやサテライトスペースを、キャンパスとして利用できます。

面談授業は、そこで年間約３０００クラス以上が開講されます。

ＣＤやＤＶＤで見逃した放送授業や、まだ放送されていない講義を見たり、自宅で学習するために放送授業のＣＤやＤＶＤを借りたりすることができます。

そのほか、学習の進め方について教職員に相談したり、図書館を利用したりと、さまざまな活用方法があります。

また、地域の図書館や公民館などに設けられた再視聴施設も学習に利用できます。

科目群履修認証制度「放送大学エキスパート」があります。これは、放送大学が指定する特定の授業科目群を履修することで、ある分野に目的・関心をもち、そのための学習を体系的に行ったことを証明する制度です。

「放送大学エキスパート」は、履歴書に記載できます。またボランティア活動にも役立ちます。

「放送大学エキスパート」は、放送大学が２００６年度から実施している制度で、履修証明制度に対応しています。

履修証明制度とは、２００７年度の学校教育法改正によって誕生した制度です。大学などが、一定のまとまりのある学習プログラムを開設し、修了者に対して、法に基づく履修証明書を交付できます（２０１５年資料放送大学より）。

自分が学びたいことは何か、資格を取る目的ならどこがよいか。自分が勉強を続けて卒業するのに一番よいのはどこか、よく吟味して決めましょう。

# 3 MOOC・資格学校

## ■MOOC（MOOCs）

インターネットにつながっていれば世界中の誰もが、一流大学の講義を無料で受けられるMOOC（ムーク）が普及しています。

MOOCとは、アメリカで始まった大規模公開オンライン講座（Massive Open Online Courses）のこと。MOOCsとも称されます。

世界中に急速に広がりました。

一般には大学レベルの大人数向けコースで、すべての人、あらゆる年齢の学生や職業人に開かれています。生涯学習としても注目されています。

インターネットを通じて誰でも無料会員登録するだけで受講できます。

宿題やテストもあり、一定の条件をクリアした場合には修了証を受け取ることができます。

・Massive　たくさんの（人々のための）

・Open　開かれた（無料の）
・Online　インターネット上の
・Courses　講座

大学の講義をオンラインで配信するＭＯＯＣには複数の講義配信プラットフォームがあります。プラットフォームとは、あるハードウェアやソフトウェア、サービスが動作する基盤となる環境のこと。

プラットフォーム最大手のコーセラ（Coursera）は、世界の有力大学約90校の約４６０講義を揃え、東京大学も講義を提供しています。

アメリカで立ち上がったＭＯＯＣですが、それぞれの言語圏・文化圏で独自のＭＯＯＣサービスも立ち上がっています。

日本では２０１３年に、一般社団法人日本オープンオンライン教育推進協議会（略称ＪＭＯＯＣ）が設立されました（２０１５年資料ＪＭＯＯＣより）。

東大や京大、慶大などの大学の教授陣が、さまざまな分野の講義を配信しています。

ＪＭＯＯＣが普及するにしたがって、学習は「反転学習」と呼ばれるオンライン講座と対面授業を組み合わせた学習形態が一般的になってきています。

自宅では予習として、インターネットで講義動画の視聴や課題提出により、基本的な内容を学習します。その後、対面授業で先生からの解説も交えた受講生同士の議論を通じて、対象への理解をより深め、応用力を養います。

いままでの大学で講義、自宅で宿題という学習方法とはひっくり返るので「反転学習」と呼ばれています。

早稲田大学人間科学部eスクールは、インターネット上で大学の授業を受講できるという点ではMOOCと同じですが、どこが同じでどこが違うのか、簡単にまとめてみました（2015年資料早稲田大学人間科学部eスクールより）。

### ◆eスクールとMOOCの共通点

- 場所を選ばない
- 確認テストはオンラインで実施される
- 多くの科目を提供

### ◆eスクールとMOOCの相違点

- eスクールは各クラスに教育コーチがつくが、MOOCはクラス分けがない
- eスクールはひとりの指導員が平均2名に指導を行うが、MOOCは個人指導がない

共通点と相違点を把握した上で、検討しましょう。

## ■資格学校

資格は、実社会において自分の能力を証明する手段の一つです。日本には、国家資格が１２００種類以上、民間資格まで含めると３０００種類以上の資格があります。

資格を取得するための講座は、ＴＡＣをはじめ各種資格学校や通信教育講座のユーキャンなど多数あります。

専門性が高く、高い技術を必要とする資格では、「実務経験」や資格に付随した「講座の受講」など、一定の受験資格を設けているので注意が必要です。

### ◆資格を選ぶにあたっての注意点

- 現在の仕事、またはこれから目指そうとしている仕事や職務に関係する資格を選ぶ
- 自分の能力、実力や適性に合った資格を選ぶ
- そのときのブームではなく将来性を考えて資格を選ぶ
- 自分の得意な分野や興味のある分野の資格を選ぶ

資格を得るために、通信教育で学ぶ、資格学校で学ぶ。どちらも一長一短があります。熟慮して、自分に合った方法を選びましょう。

## 4 生涯現役脳でいるために

### ■無限の可能性

慶應義塾大学で受けた講義に、ギリシャ神話の中の一つの話がありました。神様が宇宙を、そして地球をつくりました。全部設計図通り定位置に置いたのですが、一つ余りました。ジグソーパズルにたとえればワンピース多かったのです。神様は困って放り出しました。それが人間。

宇宙の太陽も星も、地球の山や川も定位置から動くことができません。ところが人間には定位置がないので、努力しなければ落ちてしまい、努力すれば上に行けるのです。

つまり、人間には努力すれば「無限の可能性」が与えられるのです。

## ■人間は考える葦

フランスの哲学者パスカルはいいました。「人間は考える葦である」と。葦はたいへん弱く、簡単に風にしなりますが、柔軟性がありなかなか折れない。人間はちっぽけな存在であるが、「考える」ことができるのです。そのことにより人間には「無限の可能性」が生まれます。

## ■天は人の上に人をつくらず

「天は人の上に人をつくらず人の下に人をつくらず」は福沢諭吉『学問のすゝめ』の有名な一節。

「人間の平等」を表した部分だけが広まってしまいましたが、大切なのはそこではありません。

人間は生まれながら平等であるといわれているが、実際は、同じはずの人の間に雲泥の差があるのはどうしてだろうか。それは学んだか学ばなかったかによる。だから、学問をしようといっているのです。

福沢諭吉が伝えたかったことは「勉強しなさい」ということです。

では、何をどう学ぶか。

福沢諭吉は、学ぶことによって同じはずの人に差が出る。賢人になるために学問をするよう勧めているのですが、むずかしい学問のことをいっているわけではありません。

「もっぱら勤むべきは人間普通日用に近き実学なり」とあるように、「実学」つまり、日常の生活に実際に役立つ知識や技術を、まず学ぶべき学問といっているのです。

基礎的なこと、基本的なことを積み重ねていくことが大切なのです。

## ■生涯現役脳でいるために

努力すること、考えること、学ぶことにより、人間は向上します。

それは「生涯現役脳」でいるためにも必要なことです。

「学ぶこと」によって、これからの人生を豊かな活き活きとしたものにできます。

学び方はいろいろあります。日常生活からの学び、人からの学び、学校の勉強としての学び。

「10年、偉大なり。20年、恐るべし。30年、歴史になる。50年、神の如し」は、続けることの大切さを説いた中国の格言です。言い換えれば、「継続は力なり」。学び続けることにより、不可能が可能になります。

私の高校の恩師は、77歳から「古文書」の研究をはじめ、現在90歳。研究はいまでも続けていらっしゃいます。

タレントの萩本欽一さんは、73歳で社会人入試制度で駒沢大学に合格。もともとは認知症対策のつもりで勉強をはじめたそうです（「2015年2月27日朝日新聞デジタル」より）。

萩本さんだけでなく、第1章に書いたように、年齢に関係なく挑戦し続ける人生を送っている人たちがいます。

中高年になっても、活き活きとしている人たちに共通しているのは、「継続力」のほかに、「一歩を踏み出す勇気」と「チャレンジ精神」、それと「好奇心」。

## ■無知の知

活き活きした生活をするには、チャレンジ精神だとか、好奇心だとかいいました。「どうやってチャレンジ精神や好奇心をもつの？」という声が聞こえます。

では、最後にソクラテスの「無知の知」をお話ししましょう。

「無知の知」は、簡単にいうと、「自分はAを知っている。Bも知っている」ということよりも、「自分は知らない」と気付くことが大切であるということを教えています。

私は、「自分の知らないこと」がわかると好奇心が生まれ、チャレンジ精神が生まれ、学ぶことができました。

この本でいいたかったことは三つ

- 人間には無限の可能性がある
- 何かをはじめるのに遅いということはない
- 生涯現役脳でいるためには学ぶこと

人間には無限の可能性があります。何歳からでもよいのです。さあ、はじめましょう。

あなたも。

## コラム7 0《ゼロ》か10か

考えもせずに、便利と楽を取れば人間はボケてしまいます。工夫して考えることで「脳」を働かせましょう。

### ◆お風呂での私の読書法

「本は濡れるし、眼鏡は曇る」だからできない。こう思えば「0」。脳はストップ。「どう工夫したら、お風呂で本を読めるだろう」と考えれば「10」以上。脳は活性化。

その方法は

- 濡れてもよい本や新聞をもち込む
- 風呂ふたは、あらかじめ乾いたタオルで、よく拭いておく
- 湯船に入ったら、胸元か顎の下まで風呂ふたを引く（湯船への本の落下防止と自分の沈下防止）
- 手は、乾いたタオルでよく拭いておく

・換気扇を回す。それでも眼鏡が曇るときはドアを少し開けておく

簡単なことですが、こうしていくつも方法を考えることが大事です。便利な時代だからこそ、意識して不便なことをあえてしてみると、考えることにつながります。それが脳の活性化、認知症防止となります。

# あとがき

「ご飯よ〜」、母が呼ぶ声がする。「ご飯いらない」と言いたいのをこらえて、本を読み続ける私。「三度の飯より本が好き」でした。勉強をしているふりをして本を読み、母が来ると机の下に本を隠しました。

中学1年のときに病気で入院しました。「しめた！　学校の勉強をしないで本が読める」と内心では喜びニコニコ。

その後も、入院のたびに「お菓子もお花も果物もいらない。お見舞いなら本がいい」と言い、ベッドの横には本を積み重ねていました。周りからは「変わった子ね」の声。

入院中は退屈なのでお友だちや担任の先生だけでなく、学年の先生全員に手紙を書く始末。

文を書くのが好きだった私の、中学生のときの夢は「作家になること」。でもあるとき、「私に売れる本が書けるわけがない」、そう思って作家の夢は捨てました。

壁際に天井までの本棚。それが私の理想の部屋。

作家は無理だけれど学者のお嫁さんになろう。学者の書斎は壁面全部が天井まで届く本棚。想像してワクワク。子どもが考えることだから単純です。やがて、学者は気むずかしそうだからやめようと思い、この夢もあっさり放棄。

次に考えたのは本屋のお嫁さんになること。どこまでも本を手放したくないのです。本屋は儲かりそうもない。この夢も断念しました。

それから長いときが経ち、機関誌『而今』への投稿を通して、「本は永遠の財産」ということに気付きました（第1章）。

本を書こうと思ったのは、60歳で大学を卒業したときでした。

仕事をしながら勉強している人に、私の勉強法で参考になることがあればと思ったのが一つの理由。

もう一つの理由は、中高年の人の口から出るのは、「いまさら」「歳だから」「あの人は才能があるからできたのよ」など、自分で自分の老化を早めているようなネガティブな言葉ばかりだからです。

ほんのちょっと考え方を変えれば、私と同じように60歳すぎて楽しく活き活きとした日々を過ごせるのです。そのことを自分の体験から書きたいと思いました。

そんなときに、フェイスブックでの友人が本を出版。その出版記念パーティーで、別の友人がネクストサービスの松尾昭仁先生に私を紹介してくださいました。

松尾先生は、私が気付かずに引き出しにしまっていたものを引き出してくださいました。

それを、合同フォレストの山中洋二様が本の出版へとつなげてくださいました。

心より感謝いたします。

年月はかかりましたが、点と点が線になって出版へとつながったのです。

この本を読んでくださった方が、いくつになってもチャレンジ精神を失わず、これからの人生を活き活きと過ごせることを願っています。

大森 静代

２０１５年11月

■著者プロフィール

## 大森静代（おおもり・しずよ）

生涯学習アドバイザー
活き活き Life アドバイザー

1945年、東京生まれ。都立駒場高等学校卒業。後年、慶應義塾大学卒業（12年間在籍）。

中学・高校在学中に大病を患い、高校へは一時期病院から通学。勉強の遅れから大学進学を断念し出光興産株式会社に就職。結婚するも12年で離婚、その後女手一つで子ども二人を育てた。

子どもの手が離れたのを機に悲願であった大学進学を目指した。48歳で慶應義塾大学に入学、通信教育課程で学ぶ。勉強と仕事、家事をこなす。失業、再就職を繰り返す中で、職業訓練校に入学。50歳で全経簿記2級と電卓検定3級を取得。その間も大学は継続。卒業率3パーセントの難関を乗り越え60歳で卒業。

「いくつになっても何かを学ぶのに遅いことはない」を信条としており、現在は、ボランティアでの清掃をはじめ多くの活動を通して、スマホやパソコンを使いこなしながら、ポジティブ思考による人と人のコミュニケーションの場づくりをしている。

大学通信教育を卒業するためのモチベーション維持と、効率よく単位を修得できるノウハウは、生涯学習を志す多くの中高年から絶大な支持を得ている。

企画協力　ネクストサービス株式会社　代表取締役　松尾 昭仁
組　　版　GALLAP
装　　幀　吉良 久美
写　　真　リウ・ミセキ

**働きながら60歳で慶應義塾大学を**
**卒業した私の生涯学習法**

2015年12月25日　第1刷発行

著　者　　大森　静代
発行者　　山中　洋二
発行所　　合同フォレスト株式会社
　　　　　郵便番号 101-0051
　　　　　東京都千代田区神田神保町1-44
　　　　　電話 03（3291）5200　FAX 03（3294）3509
　　　　　振替 00180-9-65422
　　　　　ホームページ http://www.godo-shuppan.co.jp/forest
発売元　　合同出版株式会社
　　　　　郵便番号 101-0051
　　　　　東京都千代田区神田神保町1-44
　　　　　電話 03（3294）3506　FAX 03（3294）3509
印刷・製本　株式会社シナノ

■刊行図書リストを無料進呈いたします。
■落丁・乱丁の際はお取り換えいたします。



ISBN 978-4-7726-6056-3　NDC379　188×130

JASRAC 出　1513794-501